LES
RUINES D'ANI,

CAPITALE DE L'ARMÉNIE

SOUS LES ROIS BAGRATIDES, AUX Xᵉ ET XIᵉ S,

HISTOIRE ET DESCRIPTION,

PAR

M. BROSSET.

—

IIᵉ PARTIE.

HISTOIRE, AVEC UN ATLAS DE 24 PLANCHES LITHOGRAPHIÉES.

ST.-PÉTERSBOURG, 1861.

Commissionnaires de l'Académie Impériale des sciences:

à St.-Pétersbourg	à Riga	à Leipzig
MM. Eggers et Cⁱᵉ,	M. Samuel Schmidt,	M. Léopold Voss.

Prix: 2 Roubl. 85 Kop. arg. = 3 Thlr. 5 Ngr.

Imprimé par ordre de l'Académie.

Juin 1861.

C. Vessélofski, Secrétaire perpétuel.

Imprimerie de l'Académie Impériale des sciences.

LES RUINES D'ANI.

II^{DE} PARTIE.

HISTOIRE. [1]

INTRODUCTION.

1. Ani était, dans l'antiquité, une petite et insignifiante citadelle du district de Chirac, dans la province d'Aïrarat; car au temps de la dynastie arsacide Vagharchapat était la capitale de l'Arménie, et dans son voisinage florissaient les plus belles villes; le district de Chirac ne jouissait alors d'aucune célébrité. Mais lorsque en 321 de J.-C. le roi Trdat eut fait don de cette contrée au prince Camsar [2], le Chirac et Ani firent partie des domaines des seigneurs Camsaracans et commencèrent à prospérer sous une sage administration. [3]

2. Ce pays étant plat, voisin de l'Araxe, gras et fertile, Armaïs, fils d'Haïc, l'avait donné autrefois à son fils Chara, afin que cet homme, d'une voracité restée proverbiale, pût y trouver le moyen d'assouvir son appétit. [4]

---

1) Cette Histoire d'Ani est la traduction d'une partie de l'ouvrage, écrit en arménien, du P. Minas Bjechkian: «Voyage dans le Léhastan (le pays des Lehs ou Lings, la Pologne), et autres contrées habitées par des Arméniens émigrés autrefois d'Ani,» imprimé en mémoire du marchand agha Stéphan Amparian, de Trébisonde, Venise 1830, 8°. Le P. Minas visita en 1808 et en 1820 les pays où vivent les descendants des anciens habitants d'Ani; en 1822 il fut mis à la tête de tout le diocèse de Crimée, comme vicaire, devint arhadchnord et visiteur des Arméniens catholiques de cette région en 1828; reçut enfin, en 1847, sur la proposition de S. E. M. le comte Ouvarof et d'après un Rapport de l'Académie, une marque de la munificence Impériale, pour la composition d'une Grammaire polyglotte, en arménien. Il est auteur de plusieurs ouvrages fort intéressants, tant grammaticaux qu'historiques, et entre autres d'une Histoire du Pont, ou Périple de la mer Noire, Venise 1819. L'Histoire d'Ani étant l'ouvrage d'un Arménien, les jugements de l'auteur sur sa nation, tout sévères qu'ils peuvent paraître, ne sauraient être taxés de mauvais vouloir. Je n'en ai retranché que quelques longueurs et répétitions. V. aussi dans le Journ. Кавказъ pour 1855, NN. 83—87, plusieurs articles intéressants sur l'histoire d'Ani, par M. Ivanof, maître, si je suis bien informé, au gymnase de Stavropol, qui paraît avoir fait une étude particulière de l'Arménie; cf. Кавказъ 1851, N. 35 suiv.

2) La famille Camsaracane était un rejeton de la branche Caréni-Pahlav, des Arsacides d'Arménie. Son ancêtre ayant perdu, par suite d'une blessure, un fragment d'os du crâne, fut surnommé Camsar «tête diminuée;» v. Indjidj, Ant. de l'Arménie, t. II, p. 174, sqq.

3) Moïse de Khoren, l. II, chap. 67, 90.

4) Ib, I, 12. La tradition porte même que le nom de Chirac n'est qu'un dérivé de celui de Chara, altéré.

12*

3. Malgré l'ancienne renommée de ce pays, surtout sous les princes Camsaracans, la petite citadelle d'Ani, perdue dans une plaine, resta dans l'obscurité jusqu'à l'extinction des Arsacides. Après la chute de cette puissante dynastie[1]), l'Arménie fut bouleversée de fond en comble par les Perses pyrolâtres, grâce aux dissensions des seigneurs arméniens. Dès-lors toute organisation disparut, les villes florissantes des grandes provinces furent oubliées, et la capitale de Vagharchapat, dans l'Aïrarat, s'éclipsa pour toujours.

Depuis cette époque les seigneurs arméniens laissèrent le pays aux mains des étrangers, sans s'en occuper aucunement. L'on vit donc les Perses, d'un côté, commander par l'entremise de leurs marzpans, et les musulmans, de l'autre, par leurs osticans[2]), qui foulèrent et déchirèrent l'Arménie, au point que tout sentiment d'union s'éteignit, et que chacun tomba dans la stupeur du découragement.

4. Dans ce temps-là les deux frères Achot et Chapouh, de race princière, fils du grand prince Sembat Bagratide, sous la pression d'un ardent patriotisme, réussirent par des exploits guerriers à chasser de l'Arménie tous les ennemis et à pacifier la contrée.[3]) Ils achetèrent pour une grosse somme, aux princes Camsaracans, le district de Chirac.[4]). Achot, que les Arméniens appellent Msaker «le mangeur de chair, restaura et fortifia Ani, qu'il peupla de ses adhérents, en l'année 763.[5])

5. C'est cependant sous le roi Achot III, de qui nous parlons plus bas, que la ville d'Ani commença à être florissante; car c'est depuis lors que des princes forts et justes y construisirent successivement de beaux édifices, de magnifiques palais, des églises remarquables, des hôtelleries, marchés, etc. Ani fut reconnu comme capitale du pays, et l'his-

---

Ce canton fut aussi appelé Tzoroget «fleuve encaissé,» à cause de sa position topographique; nom générique, d'ailleurs, et appliqué par les historiens arméniens, tant à une partie de la province de Siounie, qu'au pays de Loré, où régnèrent des princes Bagratides, improprement nommés Aghovans. Aujourd'hui le nom de Chirac s'est changé en Chouragel (cf. Indjidj, Arm. anc. p. 417), et le pays forme un sandjakh turk; mais la partie du Chirac à l'E. de l'Akhourian entre dans le district russe de Sardar-Abad.

1) Artachès IV, le dernier des Arsacides arméniens, fut détrôné en 428, par le Sassanide Vahram ou Vahraran V. La dynastie avait duré 578 ans.

2) L'histoire des osticans arméniens, i. e. des gouverneurs de l'Arménie pour les khalifes, a été traitée ex professo, par M. le professeur Péterman, de Berlin, dans sa dissertation De osticanis; j'ai complété ce travail, autant qu'il m'a été possible, dans les Addit. et éclaire. à l'hist. de Géorgie, p. 249, sqq. L'historien arménien Ghévond, qui m'a fourni le plus de matériaux, est maintenant publié, texte et traduction, par le P. Carabiet Chahnazarian, Paris, 1856.

3) Ceci est de la fin du VIIIe s. Sur les premiers princes Bagratides arméniens, et notamment sur Achot et Chapouh, v. Addit. et écl. à l'hist. de Géorgie, p. 159, ainsi que le Tableau généalogique.

4) On croit, dit le P. Indjidj, que le Chirac fut acheté par les Bagratides en même temps que le district d'Archarounik (l'Achorni des Annales géorgiennes), au VIIIe s.; Arm. anc. p. 417. Ani n'était alors qu'une forteresse au bord de l'Akhourian, qui s'agrandit et devint ville seulement sous Achot III, dans la seconde moitié du Xe s. Alors l'ancienne citadelle prit le nom de «Fort-Intérieur, Nerkinaberd.»

5) Si l'on ne peut dire l'origine du nom d'Ani, on sait du moins qu'il existait en Arménie une autre ville forte, appelée de même Ani ou Camakh, dans le canton de Daranaghi, sur la rive occidentale de l'Euphrate, la Haute-Arménie des géographes. Cette place, dépôt des rois Arsacides arméniens, lieu de leur sépulture et renfermant un beau temple d'Ormuzd, ne doit point être confondue avec Ani dans le Chirac, objet de notre travail; v. Indj. Arm. anc. p. 7—9; S.-Martin, Mém. sur l'Arm. t. I, p. 72.

torien Matthieu d'Edesse la nomme «Résidence royale.» L'esprit d'association et de civilisation s'y développa; elle devint un lieu désirable, un centre, pour les hommes d'intelligence, Elle vit dans son sein d'illustres pontifes, de puissants monarques, de superbes églises et couvents, de charmants palais royaux, de majestueuses demeures des patriarches[1]); car les rois Bagratides, s'étant fortifiés dans le district de Chirac, commencèrent à régner dans Ani. C'est du prince Achot, en l'année 856, que date cette installation héréditaire, qui dura jusqu'en 1079, sous le dernier roi Gagic. Ainsi la fortune et la dynastie des Bagratides se sont soutenues durant 223 ans.

6. Maintenant il est temps d'indiquer par ordre la succession des monarques, de faire connaître combien d'établissements ils ont fondés ou fait prospérer; comment ils sont devenus forts par la concorde et se sont amoindris par la mésintelligence, en sorte que la charmante ville d'Ani a été précipitée sans ressource du faîte de la gloire.

§ I. Rois d'Ani.

7. Les rois d'Ani étaient de race juive, de la lignée des Bagratides. Lorsqu'en effet Nabuchodonosor, après la prise de Jérusalem, emmena la tribu de Juda à Babylone, environ 600 ans avant J.-C., Haïcac, roi d'Arménie, qui était avec lui, lui demanda et obtint un prince juif, nommé Chambat[2]), et sa famille, les emmena et leur assigna en Arménie une honorable résidence, en 3398 du monde. A sa descendance appartenait Bagrat-le-Brave, à qui le roi Vagharch[3]) conféra le titre de thagadir «pose-couronne,» en 3859 du monde; car son emploi consista, de père en fils, à placer la couronne sur la tête des rois arméniens. Les Bagratides conservèrent longtemps leur religion et n'adoptèrent point l'idolâtrie arménienne. Plusieurs même subirent le martyre, pour n'avoir pas rendu hommage aux idoles, aux temps de notre roi Archam.[4])

---

1) Anania, de Chirac ou d'Ani, computiste du VIIe s.; Samouel, auteur d'une Chronique en tableaux, justement estimée, du XIIe s.; Mkhithar d'Ani, historien dont l'ouvrage est malheureusemont perdu, vivant au XIIIe s.; telles sont quelques-unes des illustrations littéraires d'Ani. Une grande famille, celle des Pahlavounis ou Pahlavides, alliés aux anciens Arsacides, occupait ici une position très élevée et possédait, croit-on, le magnifique palais resté debout au N. de la ville. Cette famille a fourni une série de grands capitaines, l'illustre littérateur Grigor-Magistros, XIe s., et une série de catholicos et d'hommes distingués, dont la généalogie a été réduite en Tableau par M. E. Dulaurier, à la fin de sa traduction de Matth. d'Edesse. Ce Tableau ne concordant pas, en beaucoup de points, avec ce qu'on sait par le moyen des inscriptions d'Ani et de ses environs, c'est là ce qui m'a décidé à donner dans la première Partie de cet ouvrage une double généalogie des Pahlavides, d'après les historiens et d'après les inscriptions; sup. p. 54, sq.

2) Moïse de Khoren, l. II, ch. 23, raconte comme une simple tradition, que le Juif Chambat vint en Arménie lors de la captivité des dix tribus, sous le roi Salmanasar ou Nabuchodonosor Ier, au temps du roi arménien Hratchia, et tous les auteurs nationaux adoptent cette indication; notre auteur a préféré s'en tenir à l'époque de la captivité de Juda, sous Nabuchodonosor II; v. Indjidj, Antiquités de l'Arm. t. I, p. 313. Le fait eut donc lieu plus de 600 ans avant J.-C., comme s'exprime M. S.-Martin, Mém. t. I, p. 418. La suite des origines des Bagratides est trop connue pour être rapportée ici; d'ailleurs, j'ai déjà traité ce sujet, d'après les diverses sources, dans la IXe des Additions à l'hist. de la Géorgie.

3) Le premier roi Arsacide d'Arménie, 150 ans av. J.-C.

4) Une trentaine d'années av. l'ère chrétienne.

A l'époque du christianisme, plus ils furent fervents adorateurs du Christ, plus devinrent puissants quelques-uns d'entre eux. Animés d'un ardent patriotisme, ils se distinguèrent par des actes d'une telle bravoure, qu'ils expulsèrent l'ennemi, affranchirent leur nation de la tyrannie des infidèles et méritèrent d'être sacrés rois d'Arménie.

Le premier d'entre eux fut le prince Achot, nom dérivant de celui d'Asoud, fils du premier Chambat, d'où s'est formé le nom de Sembat.

8. Or la race Bagratide, après avoir exercé l'emploi de thagadir, sous la dynastie Arsacide d'Arménie, conserva son illustration quand cette dynastie se fut éteinte. Quelques-uns de ses membres furent puissants par intervalles, comme généralissimes, couropalates, patrices. Ainsi Sembat Bagratide fut nommé couropalate par l'empereur Léon [1]), en 695; puis en 743 le prince Achot, fils de Vasac Bagratide, monta encore plus haut en honneurs et reçut de l'ostican arabe Mrovan [2]) le titre de patrice ou de prince des princes; son fils aîné fut Sembat; le brave Achot-Msaker «le Mangeur de chair,» mentionné ci-dessus, et qui acheta Ani, fut fils de Sembat; Sembat-le-Confesseur, fils d'Achot, périt dans la persécution des infidèles [3]); son fils fut le prince Achot, qui reçut l'onction royale.

9. I. Le puissant prince A c h o t Ier fut d'abord général d'Arménie. Il se distingua tellement entre tous, par sa bravoure et son intelligence, par son patriotisme et sa piété, qu'il fut chéri et recherché de chacun, et se concilia toute la nation, en 856. [4]) Voilà ce qu'écrit à son sujet l'historien Jean catholicos : «Arrivé à l'âge moyen, il était de forte taille et corpulence, large d'épaules, d'un visage ouvert, ombragé de noirs sourcils; haut en couleur, ayant aux yeux des taches de sang, tels que des rubis rouges sertis sur une perle, il était beau de sa barbe blanche [5]), doué d'éloquence et d'une intelligence sublime. Sobre dans les plaisirs des banquets, ne portant point envie aux supérieurs, ne dédaignant pas les inférieurs, il semblait se peser d'abord dans une balance, et y mettre ensuite toute l'humanité, pour ne retrancher rien aux autres de ce qu'il jugeait nécessaire pour sa personne. »

L'empereur Constantin Porphyrogénète trace son éloge en ces termes : «Le grand

---

1) Léonce, d'abord patrice, sous Justin Rhinotmète, puis empereur, 695—698.

2) L'ostican et dernier khalife ommiade Mervan, conféra en effet à Achot non une dignité grecque, comme celle de patrice, mais le titre de hramanatar ou exécuteur des volontés du khalife, une espèce de vice-royauté. Achot se fit reconnaître aussi comme patrice d'Arménie, ce qui suppose de bonnes relations entre lui et les Grecs; car le patriciat, le 4e des rangs de la hiérarchie byzantine, se conférait à des princes souverains étrangers, dépendants ou simplement amis des empereurs, et encore à ceux qui se réfugiaient à Constantinople.

3) Sembat, durant les 30 années qu'il fut chef de la famille Bagratide et exerça le pouvoir en Arménie, fut plusieurs fois compromis dans les intrigues des osticans entre eux et contre le khalife. Enfin il tomba entre les mains de l'ostican Bougha, qui l'envoya avec d'autres à Bagdad, et y fut mis à mort, en 856, ayant refusé d'embrasser l'islamisme. C'est probablement à cause de ce mélange de raisons politiques avec des raisons religieuses que l'histoire le qualifie simplement de Confesseur.

4) Il fut le premier couronné de sa race, et est distingué dans l'histoire par le titre de «*Medz*, le Grand.»

5) Trad. S.-Martin, p. 124: «Il avait une belle et magnifique barbe;» ce qui sera raconté plus bas montre que le roi Achot atteignit un âge avancé.

itan arménien, aux longs bras, était également adroit des deux mains. Il s'appelait Achot.
'est celui qui vint autrefois auprès de l'empereur Léon, mon père. » [1]

La réputation d'intelligence et de piété du général Achot s'étendit au point que le
halife Maksam [2], en ayant eu connaissance, non content de lui envoyer de riches pré-
ents et des vêtements distingués, lui conféra le titre de prince des princes, qu'il com-
nença dès-lors à porter sans interruption, payant seulement un tribut au khalife.

10. En 859 Achot s'occupa d'organiser convenablement son pays et ses troupes, et
confia le commandement de l'armée à son frère Abas. A force de glorieux exploits, il soumit
à ses volontés tous les rebelles, après quoi il gouverna toute la nation avec grande sagesse,
à titre de maître reconnu. La grandeur et l'excellence de ses oeuvres inspirèrent aux
grands et au catholicos la pensée de le créer roi d'Arménie, et ils la firent connaître au
khalife de Bagdad. Celui-ci, fort satisfait d'un tel projet, envoya à Achot, par l'entremise
de l'ostican Isé, une couronne, des vêtements royaux, des ornements et un magnifique
cheval. Isé posa en grande cérémonie la couronne sur la tête d'Achot, et l'ayant recou-
vert des habits royaux, le proclama roi d'Arménie, dans son palais [3], au nom du khalife.
Là se trouvaient tous les seigneurs arméniens et le catholicos Géorg, qui lui donnèrent
en grande pompe l'onction royale, en 885 [4]. A cette nouvelle l'empereur grec Basile lui
envoya également une couronne et de riches ornements, en le traitant de son fils chéri.
En preuve de son affection il lui restitua toutes les citadelles arméniennes occupées par
les Grecs.

11. Après son sacre Achot prit à coeur de rétablir la hiérarchie, tombée en désué-
tude, et de promulguer des lois. Il créa des commandants, des princes, des juges, des of-
ficiers militaires, décurions, centurions et chiliarques; il construisit des citadelles et de
beaux édifices, en un mot, il organisa l'Arménie, qu'il rendit riche et considérée. Cependant il établit sa résidence à Bagaran, ville située sur la rivière Akhourian.

Il se rendit ensuite à Constantinople, où il fut reçu très honorablement par l'empereur Léon-le-Sage. En revenant de là il tomba malade sur la route, près du Chirac; ayant
appelé le catholicos, il accomplit beaucoup d'oeuvres pieuses et distribua de grandes sommes aux pauvres, aux églises et aux couvents. Ce fut ainsi que le roi Achot mourut, dans

---

1) Le roi Achot eut l'insigne honneur d'envoyer, en 878, une couronne à l'empereur Basile Ier, qui, se re-
gardant comme un descendant des Arsacides, crut devoir se mettre ainsi en rapports avec la famille des anciens
thagadirs arméniens. Ce même roi vint à Constantinople en 888, rendre ses hommages à Léon VI, le Sage; Mu-
ralt, Chronogr. Byzantine, p. 458, 469.

2) Maksam-Djafr Ibrahim-Billah, ou Abou-Sahac Ahmed-Mohtazam, tel est le nom que les Arméniens donnent au khalife Mohtazem-Billah, régnant 840—862 de J.-C.

3) Suivant Tchamitch, Hist. d'Arm. t. II, p. 703, ce fut *à Ani* que l'ostican donna l'investiture à Achot. Je
n'ai trouvé l'indication, très importante, du lieu, ni chez Jean catholicos, ni chez Vardan et Asolic, mais bien chez
M. S.-Martin, Mém. t. II, p. 350.

4) Le P. Tcham. ibid. p. 1033, remarque avec raison que les historiens Asolic et Vardan se trompent en in-
diquant le couronnement d'Achot en 436—887, puisque le fait eut lieu sous Basile-le-Macédonien, qui mourut le
1er mars 886. Cf. Dulaurier, Rech. sur la Chronol. arm. p. 269: seulement ici la mort de Basile est fixée au 11
mars, vraisemblablement par suite d'une erreur typographique.

sa 72ᵉ année, en 889, comblé de louanges et de bénédictions, cinq ans après avoir reç
l'onction royale, mais ayant occupé le pouvoir durant 31 ans, dont 26 comme chef de l
famille Bagratide, avant son couronnement.

Nous avons vu un Evangile en parchemin, écrit en lettres onciales, à cette mêm
époque, au commencement duquel on lit: «Ce saint Evangile vivifiant a été écrit en 336—
887, sous le pontificat de Géorg, catholicos d'Arménie, sous le principat d'Achot, princ
des princes, sous l'autorité de Sembat Bagratide. C'est moi Sahac Vanandatsi, fils d
Vard Vanandatsi ou Mleh, de mon double nom.... *sic.* »[1])

12. II. En 890 S e m b a t Iᵉʳ, surnommé N a h a t a c «le Martyr,» succéda à sor
père et construisit dans la ville d'Erazghavors[2]) ou Chiracavan, dont il fit sa nouvelle
capitale, la magnifique église de Sourb-Phrkitch «le Saint-Sauveur;» deux ans après, le
khalife[3]), informé qu'il régnait à la place de son père, lui envoya une couronne royale et
des habits ornés d'or, après quoi il fut solennellement sacré par le catholicos, dans l'église
construite par lui. L'empereur Léon lui envoya également une couronne, avec de riches
présents et un rescrit affectueux, où il renouvelait l'expression de la bienveillance qu'il
avait eue pour son père. Chaque année c'étaient de nouveaux présents et trésors de la part
de l'empereur.

13. Le nom de Sembat devint si célèbre que de grands princes, venus de loin pour
le voir, admiraient sa sagesse et sa bravoure; plus l'éclat de sa gloire se répandait, plus
se développaient chez lui la prudence et l'amour du bien. Le khalife, informé de ses belles
qualités, lui fit remettre une nouvelle couronne, une ceinture d'or et un cimeterre. Il ordonna que ce prince gouvernât en toutes choses, sans prendre l'avis de l'ostican, et décidât
de tout suivant sa discrétion[4]). Au dire de Jean catholicos, chacun put alors vivre en paix
dans son héritage, planter sa vigne, ouvrir des jardins, labourer les terres en friche. Les
principaux seigneurs, ne craignant plus d'incursions, construisirent des églises en blocs
énormes de pierres[5]) cimentées. Pour comble de bonheur, l'empereur grec Léon témoignait au roi une bienveillance inaltérable.

La piété de l'illustre Sembat était vraiment favorisée du ciel. Répandant partout la
crainte, il chassa l'ennemi de ses frontières et conquit par sa bravoure un tel ascendant

---

1) La transcription du manuscrit en question s'était donc prolongée sous deux règnes, car je crois que le
Sembat ici nommé est le roi fils et successeur d'Achot-le-Grand.

2) Cette localité était située sur l'Akhourian, dans le territoire de Cars: on n'en sait rien de plus positif.

3) Ce fut, à ce qu'il paraît, le khalife Mohtadi, qui envoya l'ostican Afchin donner l'investiture au nouveau
monarque.

4) Les historiens arméniens disent même que l'Arménie et la Géorgie entières furent mises par le khalife
sous l'autorité de Sembat; v. Add. et écl. p. 62. Ce qu'il y a de sûr, c'est qu'Adarnasé II, de Géorgie, était d'abord
avec Sembat dans les meilleurs termes, et que les familles royales d'Aphkhazie et d'Arménie avaient contracté à
cette époque plusieurs alliances par mariages; v. les Tableaux généalogiques.

5) On peut voir par divers passages des Rapports sur mon voyage, que les architectes géorgiens tiraient va-
nité de la grosseur des pierres employées par eux dans les constructions, et constataient souvent leur travail en y
inscrivant leur nom; 2ᵉ Rapp. p. 154; 6°, p. 56, 57... etc.

que tous ses grands ne respiraient que patriotisme et union. Ce fut seulement lorsqu'ils perdirent ces sentiments que la protection divine se retira d'eux, et qu'ils furent privés de leur grandeur. On en vit quelques-uns se livrer à l'envie l'un contre l'autre, aux dissentiments nés de la haine et même à la rébellion. Leur rage fut alors portée à un tel excès, que quelques-uns eurent l'audace d'attaquer et de piller la ville où résidait le roi, alors absent du Chirac. [1])

A cette nouvelle les ennemis du voisinage reprirent de l'assurance et commencèrent à inquiéter l'Arménie. Les seigneurs dissidents, au lieu de s'unir au roi, pour accabler les ennemis, s'adjoignirent à l'ostican musulman Housouph (frère et successeur d'Afchin, mort en 901, et nommé ostican par le khalife Motaded), et se mirent à guerroyer contre le roi et contre leur patrie. Après bien des vicissitudes le grand Sembat, voyant l'Arménie succomber par la discorde, et foulée aux pieds des étrangers, se livra lui-même à Housouph, en 913, pour mettre fin à la guerre et pour prévenir la ruine complète de la nation. Mais l'ostican impie, au mépris de la foi jurée, lui fit subir des tortures atroces [2]), afin de le faire faiblir dans la foi, et le courage de la victime en ayant triomphé, le roi fut martyrisé en 914, après un règne de 24 ans.

14. III. A c h o t II, fils de Sembat-Nahatac, i. e. le Martyr, ayant appris dans l'éloignement où il se trouvait le trépas de son père, fut atteint au coeur d'une douleur profonde; il se hâta de venir et, rassemblant quelques braves, donna la chasse aux ennemis et vengea le sang de son père. Il était animé d'un tel patriotisme et fit en peu de temps de tels exploits d'énergie, que nul n'osait s'avancer contre lui. Quand il eut expulsé tous les ennemis de la contrée, les seigneurs, voyant que la protection divine se déclarait pour lui, affluèrent auprès de sa personne, et le proclamèrent roi à la place de son père, en 915. Dès-lors il commença à organiser la puissance de l'Arménie. [3])

15. Alors (en 921), Constantin Porphyrogénète empereur de Grèce, l'ayant invité à venir, il se rendit avec plaisir à Constantinople, accompagné de quelques seigneurs. L'empereur lui témoigna beaucoup d'affection et de considération, ainsi qu'à ses grands.

----

1) Ceci eut lieu en 907. Les conjurés s'étaient alors installés à Erazghavors, en attendant le succès d'une attaque à laquelle devait prendre part Adarnasé II, de Géorgie.

2) La détention du roi dans la plus dure captivité dura plus d'une année; quant aux supplices qu'il eut à souffrir, la description en est révoltante. Le saint roi eut enfin la tête coupée, auprès du bourg d'Erendchac, dans le canton de Goghthen, après quoi son corps fut attaché à un gibet; Tcham. Hist. d'Arménie, t. II, p. 757. D'après le même auteur, ib. p. 1084, certains historiens, et entre autres Jean catholicos, ne lui attribuent que 22 ans de règne. Ces historiens, s'il n'y a pas erreur dans les manuscrits, décomptent sans doute les 2 années qui précédèrent le couronnement de Sembat, ou tout au moins celle de sa captivité; car le langage de l'histoire n'a pas toujours une précision mathématique. Au reste, l'année 914 est remarquable comme étant celle de l'expédition des Rhouzics ou Russes à Barda, racontée par Mosé Caghancatovatsi peu après le martyre du roi Sembat; v. Bullet. Hist.-Philol. t. IV, p. 202, article de M. Kunik.

3) Les victoires qu'il remporta sur son frère Abas, sur les Aphkhaz qui le soutenaient, sur Gagic, roi de Vaspouracan, et autres, lui firent décerner par le khalife Moktader le titre de chahanchah, qui passa à ses héritiers; S.-Martin, Mémoires, t. I, p. 362.

*

Les écrivains arméniens, grands admirateurs de sa force, assurent qu'un jour il prit dans ses mains une forte baguette de fer et la tordit en rond : d'où lui est venu le nom d'Achot-Ercath, i. e. Achot-Fer. Après son retour de Constantinople, il engagea de grandes guerres et remporta de nombreuses victoires; mais par suite des énormes fatigues qu'il eut à supporter, à cause de la mésintelligence des seigneurs, il tomba grièvement malade et mourut sans laisser d'enfants, en 928, ayant régné 14 ans et 6 mois. [1])

16. IV. **Abas**, frère d'Achot, devenu roi en 929, pacifia la contrée à l'égard du dehors; il se construisit alors en divers lieux de beaux édifices, il s'établit beaucoup de couvents [2]), où s'illustrèrent un bon nombre de savants vartabieds. A la même époque furent fondés ou restaurés les monastères de Dprévank [3]) et de Narécavank, où brillèrent les saints Grigor de Narec et Barsegh. «Il fit cela, dit Vardan, par l'entremise de Barsegh, surnommé Djon, supérieur du saint asyle de Dprévank, dans le district d'Ani.» Et ailleurs: «On apporta à Dpravank la croix dite de Sourb-Astovadzadzin, aujourd'hui de Vardzia, bénie par S. Mesrob, et qui, sur le bras droit, porte une inscription arménienne, cachée sous une feuille d'or.»

Cependant le roi Abas, ayant conservé son pays en paix par ces utiles établissements, mourut en 951, après un règne de 24 ans. Il avait épousé la fille de Gourgen ou Giorgi II, roi d'Apkhazie.

17. V. **Achot III**, fils aîné d'Abas, prit la couronne après son père. En cinq années d'admirables exploits, il humilia et expulsa les ennemis et affranchit l'Arménie de

---

1) Les historiens qui ne donnent à David-Ercath que huit ans de règne font abstraction des années où il fut roi de droit, sans être encore reconnu par toute la nation, et avant que l'empereur grec lui eût donné l'investiture ; Tcham. t. II, p. 1036.

2) Les historiens arméniens racontent que Gagic, premier roi du Vaspouracan, pour se concilier l'appui des Grecs, avait fait mine, vers 926, d'embrasser les doctrines de Chalcédoine, mais son clergé y fit, naturellement, la plus énergique opposition, et il s'ensuivit une polémique sérieuse entre les Grecs et les Arméniens: c'était sous Romain-Lécapène et au temps d'Achot-Ercath. Huit ans après, sous Romain-le-Jeune et Abas, les Grecs renouvelèrent leurs tentatives pour amener les Arméniens à leur croyance : leurs efforts ayant été sans succès, Romain commença à tourmenter les religieux arméniens, assez nombreux dans ses états, où les incursions des musulmans leur avaient fait depuis longues années chercher un asyle. Ceux-ci, voyant leur pays pacifié, sous le règne prospère d'Abas, retournèrent par bandes dans l'Arménie, où ils restaurèrent plusieurs couvents et en fondèrent de nouveaux, ceux dont parle ici l'historien d'Ani ; Tcham. t. II, p. 218 sqq. ; Kiracos, éd. de Moscou, 1858, p. 47; cf. sup. p. 69.

3) Ou Dpravank «Couvent du lecteur» (l'un des quatre ordres mineurs, dans la hiérarchie cléricale, ἀναγνώστης), dont Barsegh-Djon était supérieur au VIIe s. Ce monastère subit une restauration au Xe s. Il se trouve dans la province de Chirac, au N. d'Ani ; Tcham. II, 347.

Quant au couvent de Narec, à la pointe S. du lac de Van, il a été fondé par des moines arméniens, venus de la Petite-Arménie, pour échapper aux persécutions des Grecs. Parmi les hommes distingués qui y ont vécu l'on remarque Anania le Philosophe, Xe s., qui a écrit contre les hérétiques Thondrakians ou Pauliciens, et S. Grégoire, de la même époque, poète élégiaque, auteur de prières que les dévots arméniens aiment à réciter. Les deux passages cités, de Vardan, se trouvent, p. 56, 57, du M^it du Musée Roumiantzof. Il y est question de dispositions prises par le catholicos Nersès III, au milieu du VIIe s., qui furent exécutées par Barsegh-Djon. Sur la croix de Vardzia, v. Add. et écl. p. 76 : c'est la croix de Se-Nino, conservée maintenant dans la cathédrale de Sion, à Tiflis.

tout oppresseur, en sorte que ses états jouirent d'une paix profonde. Dans ces temps-là les seigneurs s'entendirent pour se réunir à Ani, où ils firent venir le catholicos Anania, qui sacra Achot roi, en 961. Là se trouvait un nombre considérable de princes et de personnages princiers, ainsi que le roi même des Aghovans [1]. Depuis lors Ani devint la résidence royale et se couvrit de magnifiques palais et d'autres édifices grandioses. Il se construisit dans le Chirac des couvents et églises remarquables, car chacun travaillait à l'envi à embellir la contrée. Cependant la pieuse Khosrovanouïch, épouse d'Achot, fit bâtir en 965, à une heure de distance l'un de l'autre, deux monastères admirables, l'un au village de Sanahin, l'autre à Haghbat [2], tous deux d'une superbe architecture, spécialement celui de Sourb-Nichan «la Sainte-Croix,» de Haghbat, dont la forte structure subsiste encore. Nous y avons vu des Mémentos, où sont mentionnés les rois Sembat et Gourgen. [3]

18. Le roi Achot devint donc tellement fort et puissant, grâce à son énergie, que le khalife lui envoya une seconde couronne, et le nomma Chahi-Armen «roi d'Arménie,» ainsi que le dit Asolic, l. III, ch. 8. «Cet Achot, dit-il, gouvernait le pays par des procédés pacifiques, et se distinguait par-dessus tout par sa modestie et par sa charité. Réunissant près de lui galeux, boiteux, aveugles, les faisant asseoir aux banquets sur des coussins, il les nommait princes, princes des princes, couropalates, et sa générosité envers les indigents était telle, qu'à sa mort on ne trouva pas un dram ou dirhem dans son trésor.» C'est par ces actes de vertus qu'il a mérité le titre d'Oghormadz «Miséricordieux.»

19. Achot construisit le mur intérieur d'Ani, qu'il fortifia de grosses tours et de merveilleux bastions. Il y bâtit des palais grandioses, des églises splendides, des asyles pour les vierges et pour les pauvres, des hospices et autres établissements pieux et utiles.

---

1) Ces renseignements sont tirés de Matthieu d'Edesse, qui nomme Philipé le roi des Aghovans de Derbend, ou plutôt de Capan, et Hohannès le catholicos d'Aghovanie, résidant alors à Barda, qui assistèrent au couronnement d'Achot, ch. VI. Le même historien, au ch. CXXVI, donne une généalogie de Philipé et de ses successeurs jusqu'au XIIe s. Comme ces indications coïncident à-peu-près; en ce qui concerne le roi, avec celles de Mosé Caghancatovatsi (v. Addit. et écl. p. 479), je crois que ces soi-disant rois de Capan appartiennent à la dynastie Sassanide des Mihracans; à l'égard du catholicos Hohannès, il est étonnant que Mosé, l'historien des Aghovans, contemporain, l'ait oublié dans sa liste (Add. et écl. p. 488), où il donne pour cette époque un catholicos du nom de David. Le P. Chahkhathounof, dans sa liste des catholicos d'Aghovanie, exprime le même étonnement, et n'y a inséré Hohannès que sur l'autorité du P. Tchamitch; Descr. d'Edchmiadzin, t. II, p. 339.

2) Au sujet de ces monastères, dont j'ai donné des Notices détaillées dans le Bullet. scientifique, t. X, N. 19 sqq., il y a chez les historiens un dissentiment, qui paraît être plutôt dans les mots que dans les choses. Au temps du roi Abas, vers l'an 934, des religieux arméniens, venus de Grèce, s'établirent à Sanahin et y fondèrent une église, dans un lieu où S. Grégoire en avait bâti une autrefois. Quant à l'oeuvre de la reine Khosrovanouïch, ce fut non la fondation de bâtiments n'existant pas avant elle, mais un établissement régulier et complet. Celle de Sanahin eut lieu en 410—961 et même plus tôt, celle de Haghbat en 416—967, selon quelques-uns dix ans après celle de Sanahin; v. Tcham. t. I, p. 1037; Arm. anc. p. 344, 5. C'est donc sans raison valable et contrairement à des témoignages certains que Kiracos, p. 55, éd. de Moscou, 1858, attribue ces fondations au roi Bagratide de Loré David Sans-Terre, fils de Dérénic, lisez de Gourgen. Les notices recueillies par le P. Sargis Dchalaliants, t. Ier de son Voyage dans la Grande-Arménie, confirment ces résultats.

3) Ici notre auteur renvoie au § 119, p. 77 de son livre, où se trouvent réellement une vingtaine d'inscriptions de Haghbat, parmi d'autres appartenant à divers couvents, dont Klaproth a donné une mauvaise traduction dans le Ier vol. de ses Mém. relat. à l'Asie, p. 272 sqq.

En sorte que la ville s'embellit, s'organisa et prospéra sous tous les rapports, et devint une métropole royale. «Achot, dit Vardan, bâtit la petite muraille d'Ani [1]), en dressa les tours et toutes les églises, en 413—964.» Au même temps l'esprit de concorde et d'affection mutuelle se développa chez les citadins, au point qu'on se prévenait l'un l'autre par des marques de courtoisie, et que grands et petits respiraient le patriotisme. En outre, chacun marchait avec zèle dans la voie du progrès.

20. Ce monarque était non-seulement miséricordieux, mais encore patriote et modeste, occupé seulement du bien public; princes et grands, liés par une affection solide, s'efforçaient par une subordination parfaite d'affermir le pouvoir royal et de donner de l'éclat à leur nation; car de sages réflexions les avaient convaincus, que plus leur chef serait puissant, plus puissants ils seraient eux-mêmes, qu'autrement leur perte à tous était inévitable. Conséquemment, plus ils devenaient forts, au détriment des ennemis, plus les villes et les populations prospéraient, et les étrangers perdaient leur prestige. Partout où ils se montraient, ils étaient victorieux dans les combats. Les rois étrangers et les musulmans tremblaient de frayeur devant la vigueur des Arméniens, dont la bonne intelligence était visiblement favorisée de la protection divine.

Par suite, les sciences fleurirent en divers lieux, et il se montra un grand nombre de vartabieds illustres par leur savoir, qui éclairèrent l'Arménie. Tels furent le savant Hohannès, supérieur du couvent de Sanahin; le grand Khosrov Antzévatsi; ses fils, très habiles, le moine Hovhannès et Grigor Narécatsi; le vartabied Ghévond, le philosophe; Hovhannès porte-croix, Mesrob et autres [2]). Après avoir organisé un si bel ordre et développé dans son gouvernement une merveilleuse civilisation, durant 26 ans, Achot mourut à Ani, en 977. [3])

21. VI. Sembat II, son fils aîné, devint roi le même jour. Comme donc le père

---

1) La double muraille, à l'E. d'Ani, étant l'oeuvre de Sembat, fils d'Achot III, il faut croire que le mur Intérieur ou Petit mur comprend la double muraille qui figure sur les Plans, au bas de la citadelle, et peut-être aussi ces portes fortifiées, dont l'une est sur l'Aladja-Tchaï et l'autre au droit du pont sur l'Akhourian, qui défendaient l'accès du fort.

2) Hovhannès fut le premier supérieur du couvent de Sanahin; Khosro-le-Grand est l'auteur de deux ouvrages sur la liturgie, écrits en style très remarquable. Avant d'être évêque du district d'Antzévatsik, dans le Vaspouracan, il avait été marié à la mère d'Anania, abbé du couvent de Narec, et fut père des deux fils nommés ici dans le texte, dont l'un, S. Grégoire, a été déjà mentionné p. 100, n. 3. Pour Ghévond, il est fort douteux que ce soit l'estimable auteur de l'Histoire de Mahomet et des khalifes, imprimée à Paris en 1858, avec une imitation en français, par le P. Carapiet Chahnazariants, d'Edchmiadzin; v. Hist. de la Gé. p. 252. Hovhannès, qui ne m'est pas autrement connu, fut tué, dit-on, par les Géorgiens, sans doute dans les troubles que causa l'adoption par le catholicos Vahan des doctrines du concile de Chalcédoine, et enseveli dans le Basian, au couvent d'Aksigom. Mesrob le prêtre est l'auteur d'une Vie de Nersès-le-Grand, imprimée à Madras, en 1775; v. Quadro della stor. letter. di Arm., p. 61, sqq,; Tcham. t. II, p. 839.

3) Suivant notre auteur, § 628, Achot et son successeur Sembat sont enterrés à Haghbat, au N. de l'église: d'où a-t-il pris cette tradition? Toutefois le P. Sargis Dchalal. t. I de son Voyage dans la Grande-Arménie, p. 55, 56, dit que sur la muraille de la grande église, côté de l'E., on voit la représentation de ces deux princes, mais rien de plus.

e ce prince avait pourvu à beaucoup de bonnes institutions et fondé de très utiles établissements, Sembat, en suivant la route tracée par lui, devint plus illustre et plus puis-
ant qu'aucun des rois d'Arménie; il ne toléra dans ses états ni indiscipline ni violence,
t trembler chacun, de près et de loin, et mérita d'être appelé par les étrangers Chahin-
hah-Armen [1]), ou Tiézéracal «maître des contrées.»

22. Voulant immortaliser son souvenir dans le pays par quelque grande oeuvre, il
enceignit Ani, en 979 [2]) d'une muraille merveilleusement grande, très large et haute, commençant à l'Akhourian et atteignant la Vallée des jardins, Dzaghcotsatzor, flanquée de
hautes tours et bastions; il fit creuser à l'entour un fossé vaste et profond, soutenu par
une muraille de pierres et de briques [3]), et s'occupa de ce travail durant huit années. De-
à la ville ancienne fut nommée forteresse-intérieure «Nerkinaberd [4]).» Il enferma complètement Ani, dit Asolic, d'une muraille continue, en blocs cimentés, de l'Akhourian à la
vallée de Dzaghcots, et d'une enceinte de hautes tours et de puissants bastions. Cette muraille enveloppait la ville, à distance de l'ancien mur, et était munie de portes en madriers
de chêne, assolidés par des crampons de fer, retenus par des clous.»

Ce même prince construisit à l'intérieur d'Ani de magnifiques églises, et fit poser le
fondement d'une cathédrale ou église métropolitaine, par l'habile architecte Trdat, en 989.
Avec ses beaux édifices cette ville merveilleuse offrait un aspect grandiose inexprimable.
On y comptait 100000 palais et 1001 églises [5]), par lesquelles jurait le commun peuple,

___

1) Ce titre si fastueux indique seulement que Sembat, en qualité de roi d'Ani, était regardé comme supérieur aux autres petits rois, ses parents, de Cars, de Vaspouracan et de Tachir ou de Lori, car à chaque génération la dynastie-mère des Bagratides s'était dédoublée, ainsi que le fait voir la Table généalogique, Add. et écl.
Add. IX. Il triompha, au reste, du mauvais vouloir de plusieurs de ces princes, dont un, Mouchegh, premier roi
de Cars, s'était allié à David, couropalate géorgien de la Taïk; il remporta aussi des avantages sur Aboutelph,
émir de Dovin: tout cela l'a naturellement fort grandi aux yeux des historiens. C'est par erreur que dans les Mém.
de S.-Martin, t. I, p. 365 et 421, le surnom du roi Sembat est écrit *Diéghéracal*.

2) En 429—980, suivant Samouel d'Ani: soit en 978, d'après la rectification qu'exigent toujours les dates
de ce chroniqueur.

3) Ce fossé, aujourd'hui comblé de débris et de terre, a été reconnu par M. Khanykof et par d'autres voyageurs qui m'en ont assuré l'existence. M. Texier, p. 147, dit que l'on y distingue très bien le *vallum*, l'*agger* et le
moenium des antiques forteresses, et, p. 94, un fossé revêtu d'un parapet.

4) Cette expression donne à penser que le mamelon de la citadelle proprement dite avait son enceinte particulière, dont les Plans que nous possédons ne signalent pas la trace du côté de l'E., et qui avait été construite
ou du moins fortifiée par Achot III, comme il a été dit plus haut. Or, sur le Plan de M. Abich, on trouve ici une
étendue de moins de 250 sajènes, pour le double mur, et d'environ 500 en tout, une verste, entre la pointe où est
le palais des Pahlavides et la tête méridionale du grand mur.

5) Ceci est une exagération évidente, pour une ville qui n'avait qu'à-peine 5 verstes ou un peu plus de 5
kilomètres de circonférence, en terrain très inégal. On n'arrivera même pas à 100,000 habitants en tenant compte
des demeures troglodytiques signalées au S. et à l'O. de la ville. Pétersbourg, dans ses 8,779 maisons, à plusieurs
étages, ne loge que 494,666 habitants; Paris, avec 30 kilomètres de circonférence, en pays plat, avec ses maisons
surhaussées, n'en compte qu'un million et 800,000; Bruxelles, avec 8 verstes de tour et dans les mêmes conditions,
seulement 260,000. Toutefois, en temps de guerre, la population d'Ani pouvait augmenter considérablement, mais
pour peu de temps. Un historien raconte que le général Vahram, au XIe s., put faire sortir d'Ani 30,000 piétons
et cavaliers, et à la fin du siége par Alp-Arslan, plus de 50,000 personnes quittèrent, dit-on, la ville. Avec la restriction que j'y ai mise, seulement avec cette restriction, il me semble que ces indications peuvent être regardées

au dire de Kiracos. C'est ce qui est raconté dans un ancien Mémento, trouvé par nous dans la Nouvelle-Russie. «Notre ville royale d'Ani était la demeure de princes et de nobles, dont nous ne pouvons dire le nombre précis ; car en comptant princes, nobles et populaire, c'était une quantité sans limite et sans fonds. Indépendamment des palais dorés particuliers, nous y avions 1001 églises.»

Tel est donc le résultat de la concorde et du patriotisme, les vrais organisateurs des pays et soutiens de la royauté. En effet, avant Achot les princes avaient perdu l'esprit de concorde et, relégués dans les coins de l'Arménie, étaient la proie de leurs ennemis ; mais avec la bonne intelligence ils éprouvèrent les effets de la protection divine, chassèrent par son secours tous les ennemis qui les opprimaient, affranchirent l'Arménie des fléaux et de la captivité, et, par une admirable organisation, firent resplendir à la fois et leur nationalité et le christianisme.

23. Dans le même temps il y avait en Arménie des princes illustres et pieux qui, unis à Sembat par une intime subordination, exécutèrent de merveilleux exploits. Le grand prince Vasac, Pahlavide[1]), de la race du saint Illuminateur, était généralissime ; son fils fut Grigor-Magistros. Vahram, frère de Vasac, était si pieux et si soigneux de la prospérité du pays, qu'il construisit plusieurs couvents, et entre autres la majestueuse église de Marmarachen[2]), encore debout aujourd'hui, dont l'histoire, la vue et les inscriptions se trouvent dans une autre partie de cet ouvrage. Samouel le chronographe en fait mention en 435—986. «C'est à un pieux chrétien, le prince des princes Vahram, dit-il, qu'est dû le commencement de la construction du célèbre, merveilleux et splendide asyle de Marmachen, remarquable par sa belle architecture,» qui fut terminée en 443—994[3]). Ce prince fut martyrisé à cause de son amour pour la foi, ainsi qu'il sera dit plus bas, § 66.

A cette époque le catholicos Khatchic construisit auprès d'Ani, au gros bourg d'Argen, sur l'Akhourian, une glorieuse et vaste église catholique, décorée d'admirables sculptures et ornements. Il y bâtit encore trois autres belles églises, sur le même modèle, et une célèbre bibliothèque, pleine de livres. Le catholicos fut intronisé à Ani par le choix de la communauté. Cependant Sembat, après un règne de 23 ans, prospère de tous points, mourut en 989.[4])

---

comme exactes ; v. Arm. anc. p. 420. Je rappelle aussi qu'Aboul-Féda dit que le Volga se jette dans la mer par 1001 embouchures.

1) On sait que les Pahlavounis ou Pahlavides descendent de la branche Sourénienne de la famille Arsacide, venue de Bahl ou Balkh. S. Grégoire l'Illuminateur appartenait à cette branche, et les Pahlavides d'Ani, aux Xe et XIe s., descendent de la même origine, bien que les éléments nous manquent pour dresser un Tableau complet de leur famille. Mais à l'époque où nous sommes parvenu les inscriptions complètent les témoignages des historiens et suppléent à leur silence ; v. Ière Partie, Tableaux A, B.

2) Dans la description que je donne de ce couvent, Ire Partie, on voit clairement que le vrai nom en est Marmachen, et que la construction en dura 43 ans, de 986 à 1029.

3) Anania, prédécesseur de Khatchic, avait ici sa sépulture, et Khatchic lui-même y fut enterré. Ce que l'on sait de la localité en question se réduit à fort peu de chose ; v. Arm. anc. p. 426, 7.

4) D'après un récit très confus des auteurs arméniens, ce prince avait eu l'occasion, avant sa mort, de se

24. VII. G a g i c Ier, fils cadet d'Achot III, déjà créé prince des princes (titre qui, sous les Bagratides, équivalait à celui d'héritier présomptif), s'assit le même jour sur le trône d'Ani, et fut nommé Chahanchah; mais avant la cérémonie de l'installation, il y eut quelque trouble, causé par une femme, disant avoir vu en rêve le roi Sembat encore vivant. Il en résulta dans le peuple une émotion, que Gagic ne put apaiser autrement, qu'en laissant retirer de la tombe le corps du roi, dont l'exhibition calma la multitude.

«C'était, dit Asolic, parlant de lui, un homme d'esprit vif, un guerrier expérimenté, généreux dans ses largesses, dont l'intelligente vigueur se montra par un dégrèvement général des impôts. Il passait le dimanche entier, jusqu'au point du jour, à chanter des psaumes.» Aristakès de Lastiverd le nomme «Un homme fort et victorieux dans les combats, qui maintint la paix en Arménie. De son temps les divers ordres du clergé furent en honneur, les enfants de la promesse fleurirent dans la sainteté.»

25. Catramité, son épouse, fille de Vasac, prince ou roi de Siounie, acheva la cathédrale [1]) d'Ani, fondée par le roi Sembat, qui, surpris par la mort, n'avait pu terminer son oeuvre. Elle apparut alors dans la splendeur de ses grandes proportions, avec ses hautes voûtes, avec sa coupole et son sanctuaire semblables au ciel. La reine en pourvut aussi l'intérieur d'ornements sans prix, de vases d'argent et d'or, de riches étoffes, semées de broderies de pourpre. En 993 cette église fut terminée [2]), et ensuite le siége du catholicat y fut établi. Elle subsiste encore à Ani, auprès du palais royal, et nous en donnerons l'inscription. Pour la pieuse reine, elle aimait à la visiter souvent et y vaquait avec ferveur à la prière.

26. Le roi Gagic construisit également à Ani, du côté de Dzaghcotsatzor, la grande et glorieuse église de l'Illuminateur [3]), à haute coupole, couverte d'admirables sculptures. Elle avait trois portes et fut bâtie sur le modèle de celle élevée à Vagharchabat par le patriarche Nersès: elle fut achevée en l'an 1000 [4]). «Prenant pour modèle, dit Asolic (l. III,

---

mêler des affaires intérieures des rois de Karthli et d'Aphkhazie, qui étaient en relation de parenté avec les Bagratides d'Arménie. Mais ce que ne dit point ici notre auteur, c'est que Sembat, enorgueilli par la prospérité de son règne, en vint à prendre pour épouse, au mépris des lois de l'église, une très proche parente, la fille de sa soeur, et que l'ayant bientôt perdue, il mourut du chagrin que lui causa ce triste événement; v. Tcham. t. II, p. 871.

1) Ce fut, suivant Vardan, p. 73, en suite d'une vision, annonçant au roi qu'il avait été choisi de Dieu pour cet ouvrage, que le roi Gagic y mit la dernière main. M. Mouravief, Грузия и Армения, t. II, p. 276, dit avoir vu sur le porche une peinture qui rappelle cette vision du roi.

Quant à Catramité, on sait que Matth. d'Edesse la dit fille de Gourgen, roi de Géorgie, et Vardan, fille de Sahac, prince de Siounie, mais le témoignage de la grande inscription de la cathédrale et celui d'Asolic, son contemporain, sont plus dignes de foi à cet égard. Ainsi, son père était le prince Vasac.

2) L'inscription du côté méridional de la cathédrale donne formellement l'année 1012, de l'incarnation, qui pourrait à la rigueur être réduite à 1010 de l'ère chrétienne vulgaire, mais dans aucun cas à 993, pas plus qu'à 457—1008, comme le dit Samouel d'Ani, dans un passage cité par le P. Indjidj, dans son Arménie anc. p. 421. La situation de cet édifice auprès du palais n'est aussi rien moins que démontrée; mais le P. Minas a eu réellement l'honneur de publier le premier, à ma connaissance, outre une inscription de Sourb-Phrkitch, l'une de celles de la cathédrale, tracée auprès de la porte de l'O.; Hist. d'Ani, p. 73, § 113, 114.

3) V. la descr. de l'Album, N. XLVIII, et notre Planche XXVIII.

4) Je ne sais si cette date, donnée par Asolic, l. II, ch. 47, est rigoureusement exacte, ni si c'est à l'église

ch. 47), la grande église de S.-Grégoire, dite Karoudacht, écroulée et tombée en ruines, le roi Gagic résolut d'en reproduire les dimensions et les formes à Ani. C'est ce qu'il fit, en fondant une église du côté de Dzaghcotsatzor, sur un haut plateau, d'où se découvre un admirable horizon. Il la forma d'énormes blocs de pierres de taille, délicatement sculptées, la munit de trois portes, d'une coupole frappant le regard d'étonnement, et semblable par son élévation à une sphère, image du ciel. »

27. Ani possédait également un magnifique édifice destiné à la sépulture des rois.[1]

En 992 un concile se rassembla à Ani, par l'ordre de Gagic, et installa à cette époque[2] le catholicos Sargis, homme sage et vertueux, qui fit beaucoup de constructions et qui, dans ses recherches, ayant trouvé plusieurs reliques des saintes compagnes de Rhipsime, éleva sous leur vocable une église, au voisinage du catholicat. « Il construisit, dit Vardan, une église des martyres Rhipsimianes, jouxtant la cathédrale d'Ani[3]), et y ayant fait transporter leurs reliques, établit une grande fête en leur honneur. » En l'année 1019 Ter Pétros fut désigné catholicos à Ani; ce fut lui qui, après la mort de Sargis, devint le pasteur du peuple; par sa sagesse, par ses saintes doctrines, il se fit une immense réputation.

28. Dans ce temps-là il y avait en Arménie des seigneurs indépendants, qui, sans inquiétude d'aucun côté, gouvernaient leur pays comme des manières de rois[4]: tels étaient Sénékérim et ses deux frères, que Grégoire de Narec représente comme des personnages sages et pieux, fort adonnés aux exercices de religion et à la construction des églises. L'Arménie possédait donc alors des princes illustres, des rois justes et forts, faisant fleurir en tous lieux la civilisation et les lois, mais la lumière d'Ani brillait seule au-dessus de tout[5]). « Ani, dit Matth. d'Edesse, fourmillait de population; il contenait des myriades

dite du Bazar que s'appliquent réellement les paroles d'Asolic que l'on va voir; n'oublions pas que l'Histoire d'Asolic se termine à l'année 1004. Ce qui est certain, c'est que l'église que j'ai décrite sous le N. XLVIII de l'Album paraît, d'après toutes les données que j'ai réunies là, justifier le nom de Sourb-Grigor, que je lui attribue, qu'elle porte une inscription renfermant donation de la part de Chouchan, épouse de Grigor-Magistros, le premier de ce nom dans la généalogie des Pahlavides, antérieur au XIᵉ s. et mort en 982; qu'une autre inscription renferme une donation faite par l'illustre prince Vahram, fils des précédents, † en 1047, enfin qu'en 1040, Apelkharib, frère de Vahram, *construisit* ou plutôt *répara* cet édifice, contenant la sépulture de son père et de ses frères. Ainsi l'église de Sourb-Grigor doit en effet appartenir au règne de Gagic Iᵉʳ.

1) La position de cet édifice, mentionné du reste au N. LXX de l'Album, ne m'est connue par aucun témoignage.

2) Asolic, l. III, ch. 32, dit que Sargis fut introuisé le mardi après Pâques, de l'année 441—992, donc le 29 mars.

3) Sur cette église voyez ce qui est dit au N. LIX de l'Album.

4) L'exemple qui va être cité montre que l'auteur a eu en vue ces royautés en miniature divisant alors l'Arménie, dont j'ai parlé précédemment, p. 103; mais il y avait encore de grands vassaux, qui tranchaient du tyranneau féodal: dans ce fractionnement indéfini de l'autorité résidait le germe de la ruine du pays.

5) Parmi les hommes distingués de l'Arménie, ayant illustré le règne de Gagic, il faut compter l'historien Stéphanos de Taron, dit Asoghic ou Asoghnic, vulgairement Asolic, qui, sur l'invitation du catholicos Sargis, a écrit en trois livres une histoire d'Arménie, atteignant l'année 1004, ouvrage du plus grand mérite, qui vient d'être édité à Paris, en 1859, par le vartabied Carabied Chahnazariants, in-12°. Le premier livre traite du peuple de Dieu, des Assyriens, des premiers Arsacides arméniens, en 5 chapitres; le second, de l'histoire de l'Arménie depuis Trdat, des Sassanides, des khalifes, des empereurs grecs, en 6 chap.; le troisième, des rois Bagratides, en 48 chap.

de myriades d'hommes et de femmes, de vieillards et d'enfants, et frappait d'admiration ceux qui le voyaient, pensant qu'une telle multitude fût la plus grande masse du peuple arménien. Il s'y trouvait alors 1001 églises, où l'on célébrait la messe; la ville reposait dans une enceinte de rochers abruptes, baignés par l'Akhourian, *accessible* seulement dans l'intervalle d'un jet de flèche. »[1])

Cependant le roi Gagic mourut en 1020, après avoir régné 30[2]) ans, laissant de sa pieuse épouse deux fils, Hohannès (ou Jean-Sembat) et Achot.[3])

29. VIII. En l'année 1020 H o h a n n è s, l'aîné, s'assit sur le trône d'Ani, héritage de son père. C'était un homme réfléchi, mais sans énergie aucune, au lieu que son frère Achot se distinguait par une brillante valeur et alla jusqu'à vouloir chasser son frère et se faire roi. Il s'ensuivit beaucoup de guerres et une scission funeste, qui pourtant n'empêcha pas le peuple de reconnaître Hohannès pour roi. Achot donc, ayant rassemblé une armée nombreuse[4]), vint assiéger Ani, s'épanouissant alors au faîte de la prospérité et de l'opulence. Les grands de l'Arménie, après en avoir conféré avec le catholicos, réconnaissant qu'un pareil événement ne pouvait mener qu'à mauvaise fin, s'efforcèrent de reconcilier les deux frères, de façon que Hohannès régnât à Ani et sur les contrées environnantes, et qu'Achot, comme second roi, fût le maître des autres portions de l'Arménie, à condition d'arriver au trône, si Hohannès le précédait dans la tombe.

Cet arrangement ne ramena la paix qu'au prix d'une scission fâcheuse, les seigneurs ayant pris parti les uns d'un côté, les autres de l'autre, ce qui amena l'affaiblissement du prestige de l'autorité. Cependant les ennemis levèrent la tête, et l'on vit s'accomplir la

---

Elle a été achevée en 6282 ou, avec la correction de M. Dulaurier, en 6202 du monde, ce qui place la naissance de J.-C. en 5198 ou plutôt en 5200, suivant le système d'Eusèbe; en 972 depuis la mort du Sauveur, l'an 757 du second millénaire de Rome, à partir de l'an 248 depuis l'ère chrétienne, au temps de l'empereur Philippe; enfin en l'an 453 de l'ère arménienne, la 30e année de l'empereur Basile II, la 15e du roi Bagratide Gagic Ier; Dulaurier Rech. sur la Chronol. arménienne, Paris 1859, 4°, p. 281. Les petites quantités dont le savant français n'a pas toujours tenu compte ici n'enlèvent que peu de chose au mérite de son explication des synchronismes fournis par l'historien arménien lui-même.

1) V. la traduction un peu libre de ce passage, par M. Dulaurier, p. 123 : quant au mot que j'ai souligné, *ꟹꟹ*, le sens n'en étant pas fixé par les dictionnaires arméniens, chacun peut lui donner la nuance qu'il jugera plus logique. Au lieu d'accessible, le traducteur français voit là « une pente douce. » En tout cas, je crois que ce «jet de flèche » ne doit s'entendre que de l'espace garanti par la double muraille.

2) Plus exactement, 29 ans et 10 mois; Kiracos, par suite d'une erreur inexplicable, ne lui attribue que 13 ans de règne, mais cela contredit tous les témoignages connus, notamment celui d'Asolic.

3) Trois fils, d'après l'inscription de la cathédrale, v. sup. p. 24, qui place un prince Abas entre les deux frères ici nommés. Le P. Tchamitch, t. II, p. 1038, ne connaissait pas ce témoignage : d'autre part je n'avais pas eu jusqu'à présent connaissance d'un passage de Vardan, p. 74 du M-it Roumiantzof, où il est dit formellement, qu'à la mort de Gagic Ani, le Chirac et Sourb-Grigorou-Tzor furent le partage de Jean-Sembat, mais qu'Anberd, la plaine d'Ararat et Gaïan, échurent à Abas et à Achot. Il n'est plus, que je sache, question ailleurs du prince Abas.

5) Sénékérim, roi de Vaspouracan, tenait le parti d'Achot, bien que le roi d'Aphkhazie, Giorgi Ier, son gendre, fût alors pour Hohannès. On peut voir les résultats de la première bataille livrée sous les murs de la ville Addit et écl. p. 110. Jean-Sembat, avec les siens, subit un rude échec, bientôt même le roi d'Aphkhazie se tourna contre lui, comme il sera dit plus bas.

*

parole du Seigneur: «Tout royaume intérieurement divisé périt, toute ville ou maison di-
visée en elle-même ne subsistera pas. »

30. Le roi Hohannès donc, tout ami qu'il fût de la paix, ne déposa point les armes, et la discorde des seigneurs empirant les affaires, avec l'esprit de patriotisme se retira la protection du ciel, ainsi que Lazare de Parbe dépeint la situation de son époque.

31. Tel fut le commencement de la dissolution générale de la monarchie. Les seigneurs, au lieu de veiller à leurs intérêts réciproques, travaillent à se perdre, par une
haine forcenée; ce qui est pis encore, il vont se réunir à l'ennemi, poussent l'aveuglement
jusqu'à le convier à détruire leur patrie et leur propre famille: c'est ce que firent alors les
gens d'Ani. En effet, quelques-uns des seigneurs se rendirent auprès du roi de Géorgie,
dans l'intention de déposséder du trône Hohannès, par la force des armes. Les troupes
géorgiennes s'approchèrent d'Ani et dressèrent une embuscade, pour s'emparer de lui, s'il
s'avançait hors de la ville. Lui donc, ignorant le projet des ennemis, sortit de son quar-
tier d'hiver, et les Géorgiens se précipitèrent inopinément, de leur embuscade. Hohannès,
qui était lourd de corps, ne put s'enfuir et fut pris; les Géorgiens pénétrèrent dans la
ville, où ils tuèrent quelques personnes, et entrèrent dans la cathédrale, où ils retirèrent
les clous des crucifix, en criant insolemment «qu'ils en feraient des fers pour leurs chevaux;« car leurs croix sont toujours sans clous. [1])

32. Emmené dans le Vratstan, près du roi Giorgi, Hohannès fut jeté en prison, et
n'en sortit qu'après avoir livré trois de ses citadelles. Cependant les seigneurs n'eurent
nul souci de le secourir et de tirer vengeance de l'ennemi. Leur haine les calma, à cet
égard, au point qu'ils dévorèrent un tel affront de la part des Géorgiens, et accélérèrent
le moment de leur propre ruine. Témoin de leur insensibilité et de leur funeste mésintelligence, Achot en conclut intérieurement que, tant que vivrait Hohannès les seigneurs ne
s'entendraient avec lui ni avec le roi. Voici l'infame projet auquel il s'arrêta. Au lieu de
se réconcilier avec son frère, pour chasser les ennemis, il feignit une maladie et, ayant
fait creuser un trou perfide auprès de son lit de souffrance, il pria Hohannès de lui faire
visite. Celui-ci, en s'approchant d'Achot, tomba dans le piége. Alors Achot ordonna au
prince Apirat[2]) d'enchaîner son frère et de le tuer. Le prince ne consentit pas à une telle
atrocité, mais il lia Hohannès, pour complaire à son frère, et l'ayant mené à Ani, le replaça sur son trône. «Mieux vaut, pour l'Arménie, dit-il, un roi stupide, qu'un brutal
despote. »[3])

33. Cependant les ennemis, voyant le roi dans de tels embarras, devinrent d'autant
plus redoutables, que les dissensions des seigneurs leur permettaient de resserrer de tou-

---

1) Pour les détails de ces faits, racontés en partie par Vardan et plus au long par Matthieu d'Edesse, v.
Addit. et écl. p. 109 sqq.

2) Pahlavide, d'une branche collatérale, fils de Hasan; v. le Tableau A.

3) Par suite de cet événement Achot se rendit à Coustantinople, afin de gagner les bonnes grâces de l'empereur, de qui il obtint des troupes, et s'empara à main armée de plusieurs territoires soumis à son frère.

s parts les Arméniens. Non-seulement les Persans et autres musulmans, mais encore les
recs et les Géorgiens désolèrent le pays, tandis que les seigneurs, stupéfiés et ne bou-
ant pas, ne songeaient qu'à leur conservation personnelle. Ils oubliaient que chaque
essure et souffrance de la tête attaque la santé des autres membres, que l'écroulement
e la maison menace la sécurité des habitants.

34. En 1021 Gorgi[1]), roi de Géorgie, de complicité avec le roi Hohannès, leva l'é-
ndard contre l'empire grec. L'empereur Basile II marcha contre lui avec une armée
ombreuse, le vainquit auprès du lac de Palacatsio, aujourd'hui lac de Tchildir, et rava-
ea la Géorgie au point de forcer le roi à battre en retraite. Hohannès perdit courage et
rembla d'autant plus qu'il apprit que l'empereur se préparait à l'attaquer. Toutefois ce
rince alla hiverner à Trébisonde. Mais Hohannès, sachant qu'il fondrait au printemps sur
'Arménie, forma un plan digne de sa faible nature; car telle est la disposition des êtres
ans énergie: dans les circonstances difficiles, ils cèdent devant l'ennemi, tandis que les
preuves développent la vigueur des forts. Mieux vaudrait, pour de tels hommes, ne pas
spirer au pouvoir et demeurer dans l'obscurité; ils ne causeraient pas la ruine des empires fondés par les travaux et arrosés du sang de leurs ancêtres.

35. Ainsi, en 1022, le roi Hohannès envoya le catholicos Pétros à Trébisonde, traiter de la paix avec l'empereur. Comme il était sans enfants et méprisé des seigneurs arméniens, il résolut de livrer la ville d'Ani. Il écrivit donc une lettre, où il s'engageait par
serment à donner cette ville à l'empereur, avec toutes ses provinces, sous la seule condition « de rester roi sa vie durant, et que vous serez pour moi, disait-il, un bienveillant
défenseur. »

Ayant lu cela, Basile accueillit avec joie un traité dépassant ses espérances et le conserva avec soin par-devers lui. Pour le catholicos, il le fit rester quelque temps auprès
de sa personne et le traita bien; le jour de la fête du Baptême de J.-C., il lui fit bénir
l'eau de la rivière de Trébisonde, et nous avons vu nous-même le lieu témoin du miracle.[2])

----

1) C'est toujours Giorgi Ier, roi d'Aphkhazie et de Kárthli, fils de Bagrat III, et père de Bagrat IV.

2) La tradition porte que le jour de la Bénédiction des eaux, en l'année 1022, quand le catholicos Pétros
eut plongé sa croix dans la rivière, l'eau s'arrêta tout-à-fait dans son cours: delà le surnom de Gétatartz « qui fait
rebrousser un fleuve, » sous lequel Pétros est connu dans l'histoire.

J'ai voulu me rendre compte du fait et savoir du moins dans quelle rivière s'est opérée la merveille dont il
s'agit. Aristakès, le plus ancien historien contemporain, dit que l'empereur Basile ayant pris ses quartiers d'hiver
en Chaldée, ce fut là que s'accomplit la bénédiction de l'eau par le catholicos Pétros, p. 12. Dans le M-it dont
M. Dulanrier a fait usage pour sa traduction de Matth. d'Edesse, postérieur d'environ cent ans, le passage où cet
historien en parle manque entièrement; mais le M-it du Musée Roumiantzof, p. 35, 6, dit que l'eau fut bénie *à
Trébisonde*. Vardan, au XIIIe s., p. 75 du M-it du Musée Roumiantzof, dit aussi que ce fut *en Chaldée*. Kiracos, à-
peu-près au même temps, décrit avec des circonstances toutes particulières, p. 52, le même événement, *dans la
rivière de Trébisonde*. Parmi les modernes, le P. Tchamitch, Hist. d'Arm. t. II, p. 908, dit seulement que ce fut
dans les contrées de la Chaldée. Suivant le P. Minas Bjechkian. Hist. du Pont, p. 88, ce fut *dans la rivière Dégher-
man-Dérési*, coulant à l'E. de Trébisonde, et qui est l'ancien Bixitès. Enfin le P. Chahkhathounof, Descr. d'Edchmiadzin, t. II, p. 196, assure que *le fleuve Tchorohk* fut le théâtre de l'événement. La seule chose constatée, pour
moi, c'est que le fait se passa en Chaldée, aux environs de Trébisonde.

36. L'empereur Basile mourut peu d'années après son retour à Constantinople [1] son frère Constantin, qui lui avait succédé en 1025, tomba grièvement malade, et se sentant mourir, fut saisi de remords. Au souvenir du rescrit du roi Hohannès, il s'émut, à l'endroit de la nation arménienne. Ayant fait chercher à Constantinople un Arménien digne de confiance, qui y était venu pour affaires, l'empereur se le fit présenter et, en lui remettant en main le rescrit: «Donne ceci à ton maître, dit-il, et dis-lui de ma part, que comme nous sommes nés de la terre, sentant ma mort approcher, je ne veux pas que son rescrit reste ici. Qu'il transmette la royauté à son fils et à sa famille, et que les fils de ses fils, se la transmettant par succession, ne deviennent pas la proie des étrangers, qui ruineraient de fond en comble leurs villes et leur patrie.» Vois, dit-il ensuite au prêtre Kiracos, quel est mon amour pour ton peuple, et que cela vous serve de modèle et de leçon d'affection et de concorde mutuelle. Si tu te montres fidèle, tu seras digne d'une grande gloire.» Or Kiracos, ayant reçu le rescrit de l'empereur, en 1028 [2], le garda par-devers lui sans en parler.

§ II. Première aliénation d'Ani.

37. Il y a chez les étrangers un proverbe, qu'à l'égard des Arméniens il n'est pas besoin d'ennemis du dehors; eux-mêmes étant les plus redoutables ennemis de leur race, c'est assez de leur propre sabre pour les égorger, sans recourir à des traîtres ou espions étrangers, pour livrer des gens qui se trahissent et s'espionnent bravement jusqu'à ruine complète [3]. Tel fut le cas de ce prêtre Kiracos. L'empereur Michel [4] ayant succédé à Constantin et à Romain, le prêtre sans foi se rendit près de lui, et lui remit le rescrit du roi Hohannès, en 1034, non sans recevoir de grosses sommes. Déposant ce rescrit dans les archives de l'état, l'empereur satisfait attendit la mort de Hohannès, pour s'emparer d'Ani et assujétir l'Arménie entière. Un vil trafiquant lui avait livré sa patrie, la vigne plantée par le Seigneur et cultivée par S. Grégoire: quels torrents de sang il a fait couler!

38. En 1036 un grand concile se réunit à Ani, par le commandement du roi, pour pourvoir au bon ordre [5]; il s'y trouva beaucoup de pontifes et de vartabieds, dont plusieurs distingués par leur science. Ani brillait alors par la grandeur de ses monuments, par sa richesse et par une nombreuse population, qui en faisaient une des plus belles ca-

---

1) Au commencement de décembre de l'an 1025.

2) Constantin VIII mourut le 12 décembre, de 1028.

3) Je n'ai pas besoin de faire remarquer qu'ici je suis simple traducteur des paroles d'un Arménien, que j'aime pourtant à croire impartial.

4) Michel IV, dit le Paphlagonien, régna du 11 avril 1034 au 10 décembre 1041.

5) Le but de ce concile était de rétablir la hiérarchie ecclésiastique. En effet le catholicos Pétros, pour des raisons que l'histoire ne dit pas, s'était à plusieurs reprises séparé du roi Hohannès, et après plusieurs rapprochements momentanés, avait été vivre tantôt dans le Vaspouracan, tantôt à Sébaste et finalement à Bedchni, auprès du prince Vahram Pahlavide. Le roi l'avait remplacé en 1035 par Dioscore, abbé de Sanahin, que la nation et le clergé n'acceptèrent pas; il mit fin au scandale, en priant Hovseph, catholicos d'Aghovanie, de venir présider à la réintégration de Pétros, qui eut lieu effectivement.

ɔitales de l'univers. L'opinion était, qu'il en coûterait beaucoup de temps et de difficultés pour s'emparer de cette grande métropole, défendue par ses remparts et par ses tours inexpugnables. On regardait surtout comme impossible que le pied de l'ennemi se posât là où des guerriers braves et invincibles, réunis instantanément par la concorde, avaient expulsé tous les ennemis, et non-seulement affranchi leur nation de l'esclavage, à l'ombre du trône des Bagratides, mais encore établi Ani sur un pied qui le rendait désirable aux rois et empereurs.

39. Toutefois l'opinion des philosophes est incontestable: ce n'est pas l'homme qui possède le monde, ce n'est pas la puissance des rois, c'est la concorde unie à la sagesse. Avec elle tout progrès est assuré; où elle manque, la force devient faible, l'autorité, la grandeur croulent à l'instant, la protection divine elle-même se retire: c'est ce qu'a éprouvé Ani. Ni pierres ni forteresses ne prévalurent contre la discorde, toute cette puissance et grandeur imaginaire s'abîma en un instant; les nobles furent foulés l'un après l'autre par le pied de l'ennemi, les plus redoutables boulevards s'écroulèrent, toute beauté disparut. C'est la vérification de ce mot du vartabied Eghiché: «Quand la concorde chancelle, la force qui provient du ciel s'éloigne aussi.»

40. Le roi Hohannès mourut donc en 1039 [1]), après un règne de 20 ans: son frère Achot l'ayant précédé la même année dans la tombe, ils furent déposés tous deux dans la sépulture royale, à Ani. Il restait un fils d'Achot, nommé Gagic, jeune homme de 14 ans, intelligent et brave, héritier du trône, puisque Hohannès était sans enfants. Toutefois, grâce à la discorde, qui neutralisait les seigneurs, ceux-ci ne songeant pas à l'établissement d'un roi, le pays resta sans maître, et Ani sans protecteur. Bien plus, un seigneur nommé Sargis-Vest prit possession d'Ani, et ayant pillé le trésor royal, voulut se faire roi.

41. Cependant l'empereur Michel [2]), à la nouvelle de la mort de Hohannès, avisa aux moyens de mettre Ani sous sa main, comme en étant héritier, en vertu du rescrit du roi défunt. Il envoya donc un messager en Arménie, pour exiger la remise de la ville. Les Arméniens consternés firent résistance et refusèrent péremptoirement, car c'était la seule ville pourvue de grands monuments, trésors et population, qui restât dans leur pays. Michel, de son côté, ne mettait pas de fin à ses exigences et envoyait messagers sur messagers, pour l'emporter haut la main. Voyant à la fin l'inutilité de ses tentatives, il résolut

----

1) C'est le P. Tchamitch, t. II, p. 919, qui donne cette date; mais à la p. 1038 il discute les témoignages des trois historiens qui ont parlé de l'événement. Aristakès, contemporain, dit au ch. X, p. 32, que Constantin Monomaque étant monté sur le trône (1042), «trois ans après arriva la fin de la vie de la maison d'Arménie; car dans une même année trépassèrent de ce monde (ou plutôt étaient trépassés) les deux frères germains Hohannès et Achot, titulaires de la royauté de notre pays.» Or, dit le P. Tchamitch, ces trois années font allusion à la déposition de Gagic II (1045), et non à la mort de Jean-Sembat, arrivée en 488—1039. Ce qu'il ajoute là est très logique et finit par entraîner la conviction. Toutefois il est certain que Matth. d'Edesse, p. 68 de la trad. fr., place la mort de Jean-Sembat en 490—1041, 2; Vardan, en 493—1044, et qu'Aristakès, seul contemporain, ne donne pas un chiffre positif: je pense que la raison est du côté de l'interprétation du P. Tchamitch.

2) Michel IV, le Paphlagonien.

d'amener une conclusion par les armes, et fit passer 100,000 hommes en Arménie, pour conquérir la ville.

42. Telle est la nature des Arméniens : ont-ils cessé d'être d'accord, ils préfèrent la domination d'un maître étranger, qu'ils affectionnent, à celle d'un des leurs, et qui pis est, ils s'unissent avec l'ennemi, au préjudice de leur nation. C'est ce que fit l'impie Sargis-Vest, qui étant alors à la tête d'un peuple sans chef, s'avança à la rencontre des Grecs, mais, au lieu de les repousser, se fit leur auxiliaire. Pour eux, ils n'eurent pas de peine à pénétrer en Arménie, et se mirent à piller et dévaster sans pitié. Là où ils n'y avait pas un patriote, qui leur aurait tenu tête? En foulant journellement aux pieds la nation, ils la réduisirent à une telle faiblesse que bientôt les Grecs, s'avançant vers le Chirac, vinrent assiéger Ani. S'éveillant alors de leur sommeil, les infortunés Arméniens, brûlés par le chagrin, s'adressèrent unanimement au vieux général Vahram Pahlavide, et le prièrent de se mettre à leur tête, pour combattre les Grecs. Embrasé de l'esprit du patriotisme, Vahram y consentit. Il demanda 30,000 piétons et 20,000 cavaliers, qui, en trois divisions, sortirent par la porte de Dzaghcots [1]) et fondirent à l'improviste sur le camp des Grecs, dont les troupes furent mises dans un affreux désordre, par la rapidité de cet acte de vigueur. Les ennemis épouvantés se dispersèrent et prirent la fuite; pour les Arméniens, fondant sur leurs légions avec impétuosité, ils en firent un si horrible carnage, que les flots de leur sang teignirent ceux de l'Akhourian.

43. Les Grecs, se voyant périr sous le glaive altéré des Arméniens, poussèrent le cri de pardon; alors le brave Vahram s'élance en avant et exhorte ses soldats à suspendre leurs coups. Il eut peine à les calmer, et les Grecs, ayant repris haleine, s'enfuirent dans leur pays. Cependant l'impie Sargis ne cessait de travailler en secret les esprits, pour obtenir qu'on le fît roi d'Ani. Ce fut alors que le général Vahram, après délibération avec 30 seigneurs et avec le catholicos Pétros, résolut de donner l'onction royale à Gagic, fils du frère du roi Hohannès, qui fut amené à Ani avec les plus grandes précautions et sacré roi.

44. IX. G a g i c II, âgé de 18 ans, monta sur le trône d'Ani en 1042. Elevé dès l'enfance dans les diverses sciences des Grecs et dans les exercices aimables de la dévotion, il était énergique et brave, aussi intelligent que magnanime. Brillant de l'auréole de la protection divine, si les seigneurs eussent été d'accord entre eux et unanimes à le servir, il n'aurait, pas moins que ses ancêtres, dompté l'Asie entière et ébranlé sur ses fon-

---

1) Serait-ce cette porte fortifiée, qui figure au bas du mamelon où est la citadelle d'Ani, vers l'O., v. le Plan ? Toutefois on se demande par quel moyen les Arméniens auraient pu franchir le ravin et le lit du Rhah, fort encaissé dans cet endroit. Suivant le texte précis de Matth. d'Edesse, les Arméniens sortirent au nombre de 30,000, tant fantassins que cavaliers, et firent un tel carnage des Grecs que l'Akhourian, coulant non loin de la porte des Jardins, où avait eu lieu l'affaire, fut rougi de leur sang : il faut donc que ce soit une autre porte que celle à l'O. de la citadelle, qui porte le nom allégué. Serait-ce celle aujourd'hui nommée porte d'Erivan, au droit du pont sur l'Akhourian ? cf. Tchamitch, t. II, p. 920; c'est là que le nombre des guerriers sortis d'Ani est porté à 50,000, au lieu du nombre donné par Matth. d'Edesse, p. 69; cf. aussi Arménie anc. p. 423.

dements l'empire grec; mais comme la nation était désunie et détestait un maître, ni énergie ni grandeur ne pouvaient triompher. Quelque intelligent et brave que soit un monarque,
le moyen de faire du bien à des gens désunis et appelant leur ruine! C'est ainsi que toute
la sagesse et l'énergie du roi Gagic ne produisirent aucun résultat; car les princes avaient
perdu l'esprit de patriotisme, et les mauvais sentiments de discorde et de haine chan-
geaient les citoyens en ennemis de l'autorité légitime, dont le chef et le boutefeu était
l'impie Sargis [1]). Celui-ci, voyant Gagic assis sur le trône, rassembla ses sicaires et, pénétrant dans la citadelle Intérieure d'Ani, s'y fortifia. A cette nouvelle le roi, après quelques
hésitations, se rendit seul dans l'intérieur du fort, et par une noble hardiesse, par des discours sages et fermes, il força Sargis à plier devant lui. Mais l'homme artificieux ne sait
point mettre un terme à ses mauvaises manoeuvres et travaille sans cesse à brouiller tout.
Ce fut ainsi que cet impie se mit à exciter les Grecs contre les Arméniens, et que lui-
même, toujours en mouvement, ne laissa point respirer l'Arménie. Pour Gagic, il marcha
contre lui, à la tête de quelques braves, le prit et, chargé de chaînes, le fit mettre en prison et conduire à Ani. Puis, au lieu de le faire mourir, il s'attendrit et le renvoya libre,
à la prière de certaines personnes.

45. Toutefois il est fort dangereux pour un monarque de se laisser aller à faire du
bien à des scélérats, qui, non-seulement ne se corrigent pas, mais prennent de l'assurance
et cherchent méchamment à perdre leurs bienfaiteurs. Ainsi agit Sargis envers le roi Gagic,
qui, séduit par ses artificieuses paroles, fit de lui son conseiller; mais lui, fidèle à ses habitudes, n'en fut pas moins traître à l'égard du roi et de la ville royale d'Ani.

46. Au même temps, en 1042, Gagic ayant eu à combattre contre les Scythes [2]), remporta sur eux une grande victoire, qui les força à battre en retraite. Monomaque, devenu
empereur de Grèce après Michel, trouva dans ses archives le rescrit du roi d'Arménie et
envoya un messager à Gagic, pour se faire livrer Ani. Gagic, tout en traitant cet homme
honorablement, en lui tenant de sages discours et témoignant une profonde déférence à
l'empereur, ne consentit nullement à céder sa capitale. Monomaque, voyant que toutes

---

1) Sargis Azat, dit aussi Vest, ou le noble, suivant l'interprétation de Tchamitch, t. II, p. 919, était un Arménien distingué, natif de la province de Siounie. Je crois fermement que son surnom, comme celui de Vestès,
que portait un certain Aron, personnage contemporain, doit être le même que vestiarius, maître de la garde-robe
impériale: ce titre est trop connu pour exiger de plus amples explications. Au reste ce furent les intrigues de
Sargis qui retardèrent pendant plus de 3 ans l'avènement de Gagic; Tcham., ibid. p. 972, traduit encore le mot
Vest, par «prince de haut rang.» La preuve de la justesse de mon interprétation du titre donné à Sargis est dans
une inscription du couvent de Pech - Kilisa, publiée par le P. Sargis Dchalal. t. II, p. 48 de son Voyage dans la
Gr. - Arménie, mais malheureusement fruste, où on lit très bien ceci: «En 482—1033, ... Sargis ayant reçu de
l'empereur des Grecs les titres d'anthypate-patrice, de vest.....;» la chose est dite clairement, comme passée,
sans que l'on puisse affirmer qu'elle ait eu lieu positivement dans l'année indiquée, et de plus le titre de *vest* est
donné ici comme étant une dignité grecque.

2) Il s'agit des Turks Seldjoukides, qui avaient fait une incursion du côté de Bedchni; Tcham. t. II, p. 923.
Gagic les battit en personne, sur le bord du Hourazdan, la Zanga d'aujourd'hui, étant assisté de Grigor-Magistros,
maître de Bedchni.

ses instances ne produisaient pas le résultat désiré, rassembla en 1043 une forte armée, sous la conduite du prince Asit ou Iasitas[1]), et l'envoya contre Ani. Ces gens firent ce qu'ils purent pour emporter la ville; mais le brave et infatigable Gagic sortit à leur rencontre et leur fit subir un échec si décisif, qu'ils s'enfuirent en désordre de l'Arménie.

47. De plus en plus aigri, l'empereur fit partir en grand appareil son général Nicolas et écrivit même à Apousvar[2]), prince persan de Dovin, afin qu'il entrât en campagne de son côté et inquiétât les Arméniens. Celui-ci, dans une irruption soudaine, s'empara de plusieurs territoires. Pour Gagic, il marcha bravement contre Nicolas, et, dans une grande bataille, il le malmena rudement; puis, voyant qu'Apousvar le Persan faisait des progrès d'un autre côté, il fit acte d'admirable sagesse en traitant avec lui et en le gagnant par de grosses sommes d'argent. Alors se retournant contre les Grecs, il les battit, réduisit à rien leurs formidables préparatifs et les expulsa de ses états. Toutefois ces succès signalés ne servirent à rien; car bien que ses ennemis extérieurs eussent été complètement détruits, celui du dedans, qui était près de lui, l'épiait pour ainsi dire, le trahissait et excitait les Grecs à s'emparer de la ville. Bien plus, à l'aide de faux rapports et de calomnies, il soufflait la haine entre le roi et les princes, il causa même de la froideur entre le catholicos et le monarque, enfin il réduisit le savant et illustre prince Grigor-Magistros[3]) à quitter l'Arménie.

48. Par-là Sargis, suppôt de Satan, suscita une guerre funeste parmi les grands et les souleva les uns contre les autres. Son astuce versatile ébranla la nation et mit la dynastie en danger. Toutefois, non-seulement la puissance des Grecs et des Persans ne réussit pas à l'emporter sur l'indomptable énergie du roi et des Arméniens, mais leurs attaques à main armée furent également impuissantes. Il fallut avoir recours à l'instrument fatal, à la discorde, car il ne restait plus que ce moyen, tant de fois employé par les ennemis.

49. Comme donc la haine du prochain avait remplacé en Arménie le sentiment du patriotisme, il ne fut pas difficile de faire céder le courage héroïque du roi et de livrer la superbe capitale. Il réussit donc à l'impie Sargis de la faire passer aux mains des étrangers et d'amener la ruine complète de la nationalité; comme autrefois, sous le brave Var-

---

1) Il avait le titre de chambellan.

2) Aboulsévar, ou plutôt, suivant la prononciation arabe, Chawir, émir de la dynastie des Béni-Cheddad, celui-même dont le nom se lit sur la porte de fer, à Gélath; il était alors maître d'une bonne partie du Chirwan et du Qarabagh. Sa postérité a fourni des maîtres à Ani et, suivant la tradition, a fondé en Aphkhazie la famille des Charwachidzé « fils du Charwachah, » suivant la prononciation géorgienne, ou du Chirwauchah.

3) Grigor-Magistros était fils du général Vasac Pahlavide, † en 1021. Il avait été élevé dans les lettres grecques, à Constantinople, et s'y retira de nouveau, quand les intrigues de Sargis-Vestès le forcèrent à s'éloigner d'Ani. Il reçut alors le titre de magistros, passa dans la province de Taron, où il s'occupa de constructions pieuses et d'ouvrages littéraires, entre autres, de traductions des oeuvres de Platon. L'empereur Constantin Monomaque lui avait donné de grandes possessions à l'O. du lac de Van, où il fonda le beau couvent de Kétcharhous; v. Bull. Hist.-Philol. t. X, p. 341. Il mourut en 1058 et fut enterré au couvent de Pasinavank. au voisinage d'Erzroum C'était un littérateur et un penseur distingué.

dan, l'impie Vasac livra son peuple aux Perses[1]), Sargis se montra le digne héritier de la fourbe de son modèle, de sa trahison et de son infamie. «Toute scélératesse, a dit justement Hovhan Mandacouni, tantôt redouble d'ardeur, tantôt se calme, mais le sentiment de la vengeance brûle sans relâche dans les profondeurs de la conscience du criminel.»

50. C'est une cause inévitable de dangers et de ruine, quand les princes écoutent les gens perfides et se laissent aller à leurs propos adulateurs, surtout quand les personnes sages et expérimentées, qui les exhortent à se tenir en garde contre les faux flatteurs, n'obtiennent pas leur attention. Les rois, ce qui est pis encore, écartent ces derniers de leur personne et, négligeant les bons conseils de leurs amis, suivent l'impulsion perfide des autres, tandis que, si même l'hypocrite calomnie ne leur causait aucun préjudice, ils devraient au moins s'en rapporter à de bons et dévoués serviteurs. Ceux qui n'ont pas suivi ces règles ont toujours commis de fatales erreurs et se sont précipités dans l'abîme, eux et leurs empires; car le mauvais arbre ne porte pas de bons fruits, et le scélérat ne fait rien suivant les règles. Malheur donc à celui qui tombe en de telles mains, et qui écoute de méchantes paroles, qui l'induisent dans de graves écarts. C'est ce qui arriva au roi Gagic, qui, trompé par les artificieuses paroles de Sargis, ne voulut plus se rendre aux utiles vérités dites par des princes loyaux et bien intentionnés; qui, pis encore, dédaignant les gens fidèles, se livra à un traître et fit crouler son empire, car il vient un moment où les bons aussi sommeillent.

§ III. Le roi Gagic est trahi et livré.

51. Or le perfide Sargis, pour mener à fin son abominable projet, fit savoir secrètement à l'empereur Monomaque combien il avait tenu de méchants propos, combien de haines il avait semé entre les princes, quels piéges il avait tendus sous les pas de Gagic. A ces nouvelles l'empereur fut fort réjoui et assuré que le tout tendait à son plus grand profit, et causerait la ruine des Arméniens. Espérant pouvoir s'emparer d'Ani sans grands efforts et exterminer la dynastie Bagratide, il envoya à Sargis et aux autres princes un messager, porteur de belles promesses, afin qu'ils exerçassent sur l'esprit de Gagic une pression qui lui ferait céder la ville d'Ani.

52. Ces mauvais princes, complices secrets d'une même idée, s'enhardirent de plus en plus et formèrent le projet de livrer tout à la fois le roi et la ville. Ils engagèrent donc par écrit l'empereur à mander Gagic à Constantinople, sous prétexte de paix, et à le jeter en prison. «Après cela, disaient-ils, il sera aisé de s'emparer d'Ani et du royaume d'Arménie.» En conséquence l'empereur écrivit à Gagic une lettre affectueuse, pleine d'insi-

---

1) Il s'agit ici de Vasac, prince de Siounie, qui, dans la guerre soutenue contre Iezdégerd II par les Arméniens, sous la conduite de Vardan, embrassa le magisme et trahit la cause des chrétiens; v la Guerre des Vardanians, par le vartabied Eghiché, trad. en français par Carabied Karabadji, Paris 1844, la trad. en russe, par P. Chauchief, 1853, Tiflis, et en anglais, par Neumann, Londres, 1830, aux frais du comité de traduction des ouvrages orientaux.

*

dieuses paroles, et l'engagea à se rendre à Constantinople, pour établir entre eux une amitié solide. Gagic se refusait absolument à partir, car il se doutait que les Grecs vengeraient les flots de sang qu'il avait fait couler. Un second message de l'empereur contenait des serments solennels, prenait à témoins la sainte croix et le saint Evangile, et promettait de remettre au prince le rescrit de Hohannès, ainsi que de fonder entre les deux monarques une amitié, une paix éternelles. Cependant ces assurances ne firent que redoubler les soupçons de Gagic, qui résolut décidément de ne point partir; car le grand général Vahram et d'autres princes ne cessaient de l'engager à ne point se fier aux Grecs, à ne pas aller à Constantinople.

53. Mais l'astucieux Sargis et les princes ses complices insistaient pour que le roi se rendît près de l'empereur. «Si tu refuses de le faire, disaient-ils, il en résultera de grands malheurs, et la guerre éclatera entre nous et les Grecs. Pour nous, nous ne voulons plus guerroyer contre l'empereur. S'il te reste des doutes, nous voici prêts à te sauvegarder, toi et notre patrie.» Malgré tout cela Gagic tenant bon contre leurs conseils, ils allèrent jusqu'à appeler le catholicos Pétros et d'autres seigneurs, qui firent de redoutables serments devant la sainte hostie, et même, ayant tracé leur engagement avec le sang du Christ, le mirent aux mains du roi.

54. Persuadé par ces serments, Gagic consentit à se préparer à partir pour Constantinople. Il confia donc la ville au catholicos, et en nomma le prince Apirat[1]) commandant particulier; pour sa famille, il la remit à l'impie Sargis. Lui, avec quelques fidèles, se rendit auprès de l'empereur, en 1045, en la quatrième année de son règne. Informé de l'arrivée de Gagic, l'empereur, au comble de la joie, envoya à sa rencontre de hauts personnages, qui l'amenèrent au monarque avec de grands honneurs. Peu de jours après on commença à exiger la remise d'Ani, en lui promettant en échange Malatia, ville de la Petite-Arménie. Comme il refusait son consentement, l'empereur irrité lui interdit la sortie de Constantinople, puis, au mépris de son serment, il le fit détenir étroitement dans une île de la mer Noire.

55. Le malheureux roi prisonnier devint comme un lion, quand il sentit les fers, mais dans son affliction il ne savait à quoi se décider. Il eut beau employer la médiation des seigneurs pour agir sur Monomaque, lui rappeler les redoutables serments prononcés, les moyens pris pour le tromper, ou plutôt Dieu lui-même, la ruse infâme mise en oeuvre pour se saisir de lui, au mépris de la divinité, à qui nul n'en impose, et dont la justice atteint bientôt le prévaricateur: ce fut en vain.

56. Toutes ces justes paroles de Gagic, pour rappeler au devoir le monarque sans conscience, furent inutiles; elles s'adressaient à un coeur endurci par la cupidité, préoccupé des riches trésors, de la population, de la vaste étendue d'Ani, comprenant à-peine qu'un si grand bonheur lui fût arrivé. Monomaque, qui venait seulement d'atteindre le but

---

1) Ce prince n'est pas autrement connu; Tcham. II, 932, dit seulement que c'était un ami du roi Gagic.

e ses désirs, pouvait-il déjà penser à la justice, trembler à la pensée de son parjure, et
elâcher Gagic? Quand ce prince, dans son chétif réduit, repassait avec douleur les effets
e sa confiance pour de faux amis, son sang bouillonnait dans ses veines; mais à quoi
on? circonvenu de toutes parts, s'il réclamait l'aide de son peuple, on lui répondait par
a trahison. Il espérait qu'au moins les seigneurs, tremblant au souvenir des redoutables
erments prononcés à la face de Dieu, y demeureraient fidèles, et ne livreraient pas la mé-
ropole d'Ani; mais comme ces serments avaient été faits pour sa perte, non pour sa ga-
antie, leur but avait été de le pousser dans le piége, non de l'en affranchir. Le malheu-
eux supposait que, par intérêt personnel, ils ne se mettraient pas sans certaines formes
aux mains des Grecs, tandis que les parjures, les gens sans foi, étaient tellement dévorés
le la plaie de l'envie, qu'ils préféraient être esclaves des Grecs plutôt que d'obtenir leur
oi et la liberté. C'est ce que dit justement le vartabied Ignatios: «L'envie est un fléau;
ceux qui s'y livrent n'admettent pas une idée saine.»

§ IV. Seconde aliénation d'Ani.

57. Ayant appris la captivité du roi, les seigneurs entrèrent en querelle et ne surent
que résoudre. Ceux qui avaient traité avec l'empereur excitaient les autres à s'unir à eux pour
livrer la ville; ceux-ci, au souvenir de leurs solennels engagements, n'y consentaient point.
Au milieu de ce conflit, l'impie Sargis attira les grands de son côté par d'artificieuses paroles, et le catholicos Pétros les amena tous à livrer la ville à l'empereur et la monarchie
aux Grecs, plutôt que de rester dans les incertitudes de l'anarchie. Tous s'étant rangés à ce
funeste avis, une lettre fut écrite, d'un commun accord, au commandant grec en orient:
«Nous sommes prêts, y était-il dit, à remettre Ani à l'empereur, pourvu toutefois qu'il
nous protége contre nos ennemis.» Après cela Sargis et ses adhérents expédièrent à l'empereur les clefs de la ville et du palais royal, à l'insu du catholicos et des pieux princes;
il écrivait lui-même une lettre, de cette teneur: «Désormais Ani et toute l'Arménie t'appartiennent.» Pour les seigneurs, après avoir livré la splendide cité et la monarchie, ils se
retirèrent chacun dans son domaine.

58. L'empereur donc, à la vue des clefs d'Ani, éprouva une vive satisfaction, car il
n'aurait pu conquérir cette belle ville sans des efforts considérables, et la destruction de la
monarchie d'une nation si puissante, d'un si brave roi, aurait exigé des myriades de soldats et des masses d'or. Toutefois, en recevant ces clefs, il n'avait pas trop sujet de s'ap-
plaudir d'un événement dû au hazard. Aussitôt qu'il les eut prises, il fit amener en sa présence le roi Gagic, et les lui montrant: «Maintenant qu'as tu à dire? Tes grands m'ont
donné Ani et l'Arménie entière.» A cette vue le roi, poussant un soupir: «J'abandonne
au terrible jugement de Dieu les perfides qui m'ont trahi; que le juste juge prononce ma
sentence.»

59. Puis se tournant vers l'empereur: «Posons qu'ils ont donné cela; est-ce que tu
peux te croire un maître légitime? — Ils me l'ont donné, dit l'empereur, je dois le rece-

voir. — Ils ne sont point maîtres d'Ani, de l'Arménie; mais seul je le suis, de concert avec mes princes, et ce que je ne donne point avec eux, ce que je ne donnerai jamais, tu n'es pas en droit de le recevoir; en outre, beaucoup de seigneurs, mes adhérents, ne sont point complices du fait. Comment peux-tu t'attribuer la couronne et les villes d'un autre; où serait ta justice? — Il suffit que plusieurs seigneurs aient été d'accord pour ratifier la donation contenue dans le rescrit de Hohannès, maître d'Ani, qui me l'a concédé. — Ni les seigneurs, sans le consentement du roi, ne peuvent donner la ville royale, ni le monarque, sans l'assentiment des grands, n'en a le droit; car bien que l'on dise que la ville est au roi, cependant, à parler exactement, tout appartient à la nation. Que le roi Hohannès ou les seigneurs aient fait une telle donation, celle-ci n'en est pas moins nulle, en l'absence d'un accord mutuel. Précédemment les grands n'étaient pas autorisés à cela, et maintenant, après la remise des clefs, je n'ai pas d'autorisation, moi qui suis le roi.» Alors l'empereur se mit à presser le roi de donner son consentement, mais Gagic, redoublant d'énergie: «Je suis en toute légitimité héritier de la couronne d'Arménie, que nous avons arrachée à l'ennemi au prix de notre sang. Je n'ai fait aucun tort à l'empire, et conséquemment je ne veux ni ne consens à te faire une telle donation. Ainsi il est contre toute justice de m'enlever mon royaume par la violence.»

60. Cependant l'empereur s'efforça d'amener le roi à consentir, afin de devenir légitime possesseur de l'Arménie, et, leur conversation se prolongeant: «Bien que tu fusses héritier du royaume d'Arménie, dit l'empereur, pourtant le frère de ton père t'a privé de ton héritage, en me donnant Ani. — Mon oncle paternel, dit le roi, n'avait aucun droit de m'enlever mon bien, comme tu n'en as aucun de posséder mon royaume. Si tu étais en ma place, et que Michel, ton prédécesseur, sans consulter les princes ni le peuple, eût promis de donner à un autre ta ville capitale, le donataire pourrait-il sans ton aveu entrer en légitime possession de la ville et de l'empire? — En aucune façon il ne devrait le faire. — Comment donc exiges-tu et reçois-tu Ani sans notre consentement, moi qui en suis héritier et roi? Veux-tu t'en emparer par force? tu le peux, personne n'a rien à y voir, puisque mes grands m'ont trahi, et que tu m'as attiré ici par des serments perfides. Veux-tu faire assaut de valeur? je suis à ta disposition.»

61. Après ce discours, empreint de grandeur d'âme, le roi sortit, en proie à d'indicibles transports; mais à quoi bon, tombé, comme il était, dans l'infortune et livré à des mains injustes? Il demandait justice, là où manquait l'équité, où nulle oreille n'accueillait ses paroles et plaintes légitimes, où l'on cherchait non la justice, mais un empire. Incapable de résister à un tel spectacle, le roi, en se soustrayant aux regards des spoliateurs, disait: «Je savais que dorénavant il ne reste d'autre ressource que de me réfugier dans la justice des arrêts divins.» Bientôt, perdant tout espoir, il consentit, bon gré mal gré, à livrer sa capitale à l'empereur, qui, au reçu de son rescrit, lui concéda en échange quelques territoires, du côté de la Cappadoce, et même un grand palais à Constantinople.

62. Cependant il est pénible et cruel pour un brave prince de laisser ses états tom-

er en des mains étrangères, d'errer soi-même dans les domaines de l'ennemi : aussi fut-
e un amer chagrin pour le roi Gagic, privé de son royaume, de se voir balloter comme
un étranger au milieu des Grecs, chez qui il ne trouvait ni contentement ni repos. Ce
prince si brave, qui, lorsqu'il s'agissait de reculer les frontières de l'Arménie, rugissait
comme un lion et ébranlait le monde, maintenant réduit à une faiblesse pitoyable, s'agitait
à l'aventure, perdant et consumant dans les larmes sa jeunesse et ses vingt-deux ans ; car
il savait très bien que nul autre ne pourrait relever la royauté dans sa personne, ni la nation recouvrer son indépendance. Ce qui lui arrachait surtout des plaintes, c'était sa belle
ville d'Ani, si méchamment livrée ; plaintes inutiles, toutefois, car les traîtres étaient ses
propres seigneurs, et le spoliateur était César.

§ V. Première prise d'Ani et mort du roi Gagic.

63. En 1046, Monomaque, fort du consentement de Gagic, envoya son général Nicolas en Arménie, avec beaucoup de troupes et porteur du rescrit royal qui devait le
mettre en possession d'Ani, ainsi que de beaux présents pour le catholicos Pétros [1]). A
cette nouvelle le prince Apirat, commandant de la ville, refusa de la livrer et dit aux
Grecs : « Laissez venir le maître de céans, qui nous communiquera ses volontés. Tant que
nous ne le verrons pas, nous ne pouvons nous dessaisir de la ville. » Sur cette parole les
Grecs, transportés de fureur, environnent et commencent à attaquer Ani. Les Arméniens,
témoins de leur violence, poussent des cris, s'appellent l'un l'autre et exécutent une sortie. Animés d'une rage indicible, ils tombent sur les Grecs, font un horrible massacre de
leurs soldats et les expulsent de leur territoire.

64. Voilà ce qu'on peut attendre de la concorde et de louables efforts pour l'indépendance de la patrie. Fussent-ils peu nombreux, ceux que réunit une bonne intelligence
mutuelle se sauvent et triomphent, grâce à l'assistance divine. Mais où manquent la concorde et le dévouement au devoir, la faveur du ciel se retire, et le coeur des braves fait
défaut, comme il arriva aux habitants. Après avoir éloigné l'ennemi, à force de bravoure,
voyant que leurs princes et seigneurs trahissaient la monarchie, que le roi était captif et
pour jamais en exil, ils perdirent eux-mêmes toute énergie. La plainte à la bouche, ils se
portèrent par masses aux tombeaux des rois Bagratides, et là, prosternés, pleurant, sou-
pirant, ils maudirent avec douleur les auteurs de l'anéantissement de leur nationalité et de
la dynastie.

Exaspérés par ces pensées, convaincus qu'avec la concorde l'assistance divine se re-
tirait d'eux, ils désiraient du moins prévenir la ruine de leur métropole, par les fléaux de

---

1) Je ne sais jusqu'à quel point on peut admettre, ni en quelle année précisément il faut placer le fait, allégué par Vardan, p. 84, que Thodor, i. e. l'impératrice Théodora aurait proposé à Gagic de se faire grec, et de
devenir, en l'épousant, empereur de Byzance. Il est vrai que Théodora, fille de Constantin VIII, frère de Basile II,
avait du sang arsacide dans ses veines, puisque Romain Lécapène était Arménien d'origine ; mais si la proposition
fut faite au roi Gagic, fut-ce en 1042, lorsque Théodora, non mariée, régnait avec sa soeur Zoé, ou en 1054, après
la mort de Constantin Monomaque ? c'est ce que nous ne déciderons pas. V. Tcham. t. II, p. 1039.

la guerre, et écrivirent au prince grec Asit. Celui-ci arriva et occupa paisiblement Ani non sans montrer beaucoup d'affection aux Arméniens.

65. Cependant la colère divine se fit sentir en différents lieux; parce que les hommes avaient refusé de châtier les méchants et de défendre leur patrie, ils furent atteints de plusieurs fléaux vengeurs. Durant l'été de cette même année un affreux tremblement de terre fit tomber de majestueux palais et églises. Les abîmes béants engloutirent beaucoup d'hommes, dont les cris lamentables retentissaient dans le fond, tandis que les autres chancelaient. Pour Monomaque et les Grecs, ils respirèrent du côté de l'Arménie et se réjouirent insolemment de leur exécrable-conquête. Depuis lors ils furent maîtres de toutes les contrées de l'Arménie entière [1]), et laissèrent le malheureux peuple sans maître ni soutien. Ils auraient bien dû penser qu'une injuste entreprise fait perdre le fruit des plus saints efforts, et qu'une joie illégitime doit se tourner en chagrin: c'est ce qui leur arriva, car les Grecs ne tardèrent pas à perdre, outre ce qu'ils avaient enlevé aux Arméniens, les villes de leurs propres domaines.

66. A-peine eut-il occupé Ani, l'empereur envoya une armée contre Apousvar, prince persan de Dovin, pour le forcer à restituer aux Grecs, comme faisant partie du royaume, tous les territoires qu'il avait enlevés aux Arméniens, mais les Grecs subirent un si affreux désastre de la part des Persans [2]) que peu d'entre eux échappèrent. Une seconde armée grecque ne fut pas moins maltraitée, si bien que les musulmans s'unirent avec les Persans pour franchir la frontière d'Ani, et causèrent les plus grands maux aux chrétiens. Outre la destruction des églises et des beaux palais, plusieurs souffrirent le martyre, et parmi eux un vieillard, Vahram le Pahlavide, qui, malgré ses 80 ans, périt comme un brave. «Vahram, dit à son sujet le vartabied Aristakès, était un Pahlavide, un personnage puissant et illustre, doué d'une piété sublime et incomparable;» ce fut une grande affliction pour les Arméniens.

----

1) Il ne faut pas prendre cette expression dans un sens rigoureux; car si le roi de Vaspouracan résidait en effet à Sébaste, celui de Cars n'était pas encore dépossédé, et Coriké, roi de Lorhi, régnait paisiblement dans le Tachir, sans avoir rien à démêler avec les Grecs.

2) Ce fut en 1046. Aboulsévar avait inondé les plaines basses, aux environs de Dovin, au moyen d'une dérivation des eaux de la Zanga, et préparé une embuscade, où il périt beaucoup de Grecs. Une seconde expédition eut lieu au printemps de l'année suivante, sous la conduite de Télarkhos, qui causa beaucoup de dégâts et emmena un grand nombre de prisonniers, mais qui eut pour résultat l'aggravation du sort des chrétiens dans les états d'Aboulsévar; Tcham. II, 988. Cependant Grigor, fils du vieux général Vahram, périt aux portes de Dovin; son père lui-même, étant tombé aux mains des musulmans, fut mis à mort pour la foi, et son corps rapporté à Sanahin. Toutefois le P. Sargis Dchalaliants, Voyage dans la Gr.-Arménie, t. I, p. 225, croit, avec beaucoup d'apparence de probabilité, que Vahram, avec sa femme Sophie, dut être enterré dans un couvent dépendant de celui de Marmachen. Pour la princesse Sophie, la chose paraît certaine, d'après une découverte dont parle cet auteur (v. sup. p. 67); quant à son époux, je ne verrais là qu'une conjecture probable, si une inscription, il est vrai, de l'an 1225, n'affirmait le dépôt des restes de Vahram à Marmachen. De Grigor, fils de Vahram, le nom n'est pas mentionné chez Aristakès, p. 43, mais chez Matthieu d'Edesse p. 67, Man. Roum.; Trad. fr. p. 80. Parmi les titres que Tchamitch attribue au prince Vahram, t. II, p. 941, se trouve celui de *martsel*, d'après Matth. d'Edesse, et que je n'ai pas retrouvé dans notre manuscrit: serait-ce une corruption du mot mardchal, mareskhal, alors à-peine connu en orient?

67. Tant qu'avait vécu le grand Vahram, le respect pour sa personne contint les bourreaux grecs dans de certaines limites, mais après sa mort ils persécutèrent sans ménagement les Arméniens. Autant ils avaient fait d'efforts pour détruire la royauté à Ani, autant en firent-ils pour supprimer le catholicat arménien. Lors donc que Caménas eut succédé à Asis, comme commandant d'Ani, il commença à se montrer irrévérencieux envers Pétros, à écrire contre lui des rapports calomnieux à l'empereur, comme si le catholicos eût voulu soulever l'Arménie. Bientôt il lui ordonna d'aller résider à Carin, puis il le fit passer delà dans le fort de Khaght, presque captif; enfin l'empereur l'appela à Constantinople, où il l'engagea à se tenir dans une solitude honorée, « car il craignait, suivant l'historien de Lastiverd, qu'il n'allât opérer un soulèvement à Ani.» Plus tard, grâce à l'interession du roi Gagic, il eut ordre de résider à Sébaste, où il mourut en 1058.

68. L'impitoyable Monomaque permit avec peine à Gagic de quitter Constantinople et de se fixer à Piza[1]), ville qu'il lui avait donnée en échange d'Ani. Là ce prince construisit un monastère, où il allait fréquemment pleurer sur la nation arménienne. Il eut deux fils[2]): Hohannès et David. Telle est la puissance du poison rongeur de la discorde, qu'un être désarmé enchaîne le lion de la bravoure, comme il advint à Samson, et en fait le jouet de peuples sans valeur. Minés par l'oisiveté, les durs ossements de ces princes s'affaissèrent au sein des villes grecques.

69. Après avoir dépouillé l'Arménie de toute autorité, Monomaque et ses grands n'en devinrent que plus acharnés contre ce pays, et réunirent leurs efforts pour en exterminer les derniers princes. Partout où il apparaissait quelque grande individualité, on se mettait à sa poursuite, afin de s'en servir, à force de serments et de grandes promesses, puis on lui arrachait la vie. Témoin de ces malheurs, Gagic aurait bien voulu passer de Grèce en Perse et delà tenter de ressaisir l'Arménie; mais les seigneurs arméniens, aveuglés par l'envie, refusèrent leur coopération; v. § 84.

70. Marcos, métropolitain de Césarée, ayant poussé la haine contre les Arméniens au point d'appeler son chien Armen, Gagic, révolté d'un tel affront, alla à Césarée avec ses serviteurs, et invita chez lui le métropolitain, à qui il fit bonne mine. Au milieu de la joie d'un banquet, il se fit amener le chien, et demanda si c'était là Armen, et Marcos ayant répondu qu'on lui avait donné ce nom parce qu'il était encore tout jeune[3]), Gagic commanda à ses gens de mettre dans un sac le chien et Marcos, qui fut déchiré par l'animal. A cette nouvelle les Grecs furieux établirent en divers lieux des guets-apens, pour faire périr Gagic.

71. Malgré les précautions dont il s'entourait dans ses pérégrinations, le roi laissa

---

1) Pizou, ville de Cappadoce, qui devait être au voisinage de Césarée; ville de la Petite-Arménie, S.-Martin, Mém. t. I, p. 186, 372. La situation précise en est inconnue.

2) Il avait épousé une fille de David, prince Ardzrounien de Sébaste.

3) Plus exactement, suivant Matth. d'Edesse, parce qu'il était gentil; en grec ἄρμενος peut donner un sens approchant de celui-là.

un jour son monde dans un endroit et s'approcha avec une poignée de gens de la forteresse de Cazistra [1]), dont les maîtres, trois frères, fils de Mantalé, apprenant l'arrivée du
prince, apostèrent 50 hommes dans un certain lieu. Pour eux, ils allèrent en avant, pour
le saluer, et l'amenèrent à l'endroit de l'embuscade. On fondit soudain sur Gagic, qui fut
pris et déposé dans le fort. Les princes arméniens eurent beau se réunir et ouvrir les hos-
tilités, afin de le délivrer, les scélérats le firent périr dans d'affreux supplices et suspen-
dirent à la muraille son cadavre, qu'ils ensevelirent ensuite hors de la place. Un Arménien
d'Ani, qui réussit à le dérober, le porta à Piza.

72. Telle fut la triste fin de la dynastie Bagratide, en 1079. Gagic était âgé de 55
ans, en avait régné seulement 3 et avait erré 35 ans en Grèce [2]). Retournons maintenant
en Arménie, et voyons quel fut le sort du peuple sans maître ni chef. Les Grecs avaient
cru qu'en supprimant les braves Arméniens, eux-mêmes deviendraient puissants, mais ils
ignoraient que ces invincibles héros formaient le seul boulevard du pays contre les ennemis. A-peine eurent-ils disparu, les musulmans enhardis fondirent de toutes parts sur
l'Arménie, foulèrent aux pieds et expulsèrent les Grecs, et emmenèrent les habitants en
esclavage. C'est là le sujet des lamentations du vartabied Aristakès. [3])

§ VI. Seconde prise d'Ani.

73. En 1046 les Grecs, maîtres d'Ani, l'ayant trouvé regorgeant d'opulence et de
prospérité, ne le pillèrent point et en respectèrent les édifices, mais l'affaiblirent par l'éloignement des princes arméniens tenant à l'armée, et y firent entrer des Grecs, comme pour
le défendre. Ils perdirent de vue, que la diminution des guerriers laissait la ville sans protection, en butte aux ennemis s'enhardissant: c'était la punition que leur réservait le
créateur, comme il advint en effet.

74. Car en 1064 Alpaslan, roi de Perse, ou, comme ils l'écrivent, Elp-Arslan «le
lion puissant,» fit irruption dans le pays de l'Ararat [4]) avec une armée nombreuse et, après

---

1) Le nom de cette place est écrit Kizistrha, chez Tchamitch, t. II, p. 1004. M. Dulaurier, trad. de Matth.
d'Edesse, p. 420, croit que c'est l'ancienne Kybistra, au voisinage du mont Argei, dont le nom rappelle la plaine
d'Ardzian, où était situé cette ville, suivant l'auteur arménien. Vardan et Matth. d'Edesse, sous l'année 560—1111,
nomment Kendroscav la citadelle théâtre du meurtre de Gagic.

2) Davith, fils cadet de Gagic, fut tué en 1080, par son beau-père Apelkharib, prince de Tarse; l'aîné, Hohannès, avait épousé la fille du duc d'Ani, avant la prise de cette ville par les Seldjoukides. Il passa en Géorgie,
puis chez l'émir de Gantzac, qui l'envoya à Ani, avec son fils Achot. Ce dernier fut empoisonné par un parent de
Manoutché Béni-Cheddad, émir d'Ani, et son corps emporté à Constantinople, où son père Hohannès était mort
avant son arrivée. Ainsi s'éteignit le dernier rejeton de la famille Bagratide d'Arménie, presque au même temps
où moururent, en Grèce, les deux derniers princes de la branche des Bagratides géorgiens du Tao; Hist. de Géorgie, p. 302.

3) L'intéressant ouvrage d'Aristakès, imprimé pour la première fois à Venise, en 1844, et renfermant l'histoire de soixante années, jusqu'en 1071, fait suite à celui d'Asolic, mentionné plus haut, p. 106: ce n'est, à vrai
dire, qu'une patriotique lamentation, du commencement à la fin. Lastiverd, patrie de l'auteur, est un bourg au voisinage d'Ardzen, dans la Haute-Arménie.

4) Avant de s'attaquer à Ani, les Turks seldjoukides n'avaient cessé pendant 17 ans de ravager les provin-

voir rougi la terre du sang des habitants, atteignit avec la même impétuosité le district
de Chirac, où il établit son camp, sous Ani. La ville avait pour commandant, au nom des
Grecs, un certain duc Bagrat, de race arménienne, secondé par le Géorgien Grigor, fils de
Bacgouran. Ayant considéré la très haute position de la ville, les édifices merveilleusement fortifiés et les tours construites par Sembat Tiézéracal, Alpaslan tomba en perplexité.
Après un blocus de quelques jours, voyant qu'il n'y avait pas moyen de la réduire par les
armes, il envoya ses éclaireurs examiner de quel côté il serait réellement possible de l'attaquer. Il se convainquit alors, qu'impénétrable de toutes parts, la ville n'avait qu'un côté
vulnérable [1]), et ordonna d'y faire avancer une catapulte d'une dimension énorme, propre
à battre les murs. Pour les habitants, la vue de ce grand nombre d'ennemis environnant
la ville les frappa d'épouvante, car ils n'en avaient jamais aperçu tant et, outre le défaut
de préparatifs, n'avaient point parmi eux de bons militaires. A quoi bon une ville imprenable, quand l'énergie manque? D'ailleurs l'aspect de la grande machine, dressée devant
la ville les jetait dans un désespoir mortel. Leur frayeur ne fit que s'accroître quand les
Perses, à l'aide de la catapulte, lancèrent de grosses pierres contre les murailles; ils ne
surent plus que crier vers Dieu. Pour le duc Bagrat, réunissant ce qu'il y avait de guer-

---

ces, autrefois arméniennes, tombées au pouvoir des Grecs. Excité par Aboulsévar, Thogril envoya, en 1047 Ibré-
him-Inal et Gouthoulmich ravager le Vaspouracan et l'Arménie, jusqu'aux sources de l'Araxe. Dans l'hiver de 1048
les Turks allèrent jusqu'à Sper et au mont Parkhar; l'année suivante ils prirent Ardzen et livrèrent aux Grecs la
bataille de Capoutrou, qui coûta la liberté à l'Orbélian Liparit; Cars fut pris le jour de Pâque 1050. Après quelques années de répit, Thogril s'empara de Bercri, sur le lac de Van, et envoya un de ses corps d'armée jusque
dans la Taïk. L'année suivante, il assiégea Cars et Bidlis, puis il s'unit avec Aboulsévar, pour inquiéter la frontière des Grecs. D'autres Turks, appelés par Ivané, fils de Liparit, ravagèrent les provinces d'Eriza et de Carin
ou Erzroum. Slar-Khorasan assiégea en vain Edesse et pilla le territoire de Sébaste. Après la mort de Thogril, en
1062, Alpaslan porta ses ravages au pays des Aghovans et dans la Géorgie méridionale; v. Hist. de Gé. p. 326, sqq.
Enfin la prise d'Ani par Mélik-Chah, neveu d'Alpaslan, couronna l'oeuvre de ces nomades, dont les Grecs dégéné-
rés n'avaient pu triompher.

1) On voudrait préciser de quel côté eut lieu l'attaque des Turks. Suivant Matth. d'Edesse la ville était de
toutes parts enceinte de rochers abruptes *բարբակուր*; seulement en un point elle était .... *գող*; or ce mot
n'est point expliqué dans le grand Dictionnaire des PP. Mékhitaristes, 4° 2 vol. 1836. M. Dulaurier dit, p. 123 de
sa trad. : «Un seul côté s'inclinait comme une plaine.» Je ne crois pas ce sens rigoureusement exact, car il n'im-
plique pas opposition à ce qui précède; toutefois ici le précipice devait être plus abordable, «dans la longueur
d'un jet de flèche.» Aussi la ville avait-elle sa double muraille et son fossé plein d'eau, unissant les deux rivières;
l'auteur persan du Nigaristan dit donc que les Turks firent usage de radeaux pour arriver à la ville; v. IIIe Rapp.
sur mon voyage, p. 105.
Quant au récit de M. Texier, Voyage en Perse et en Arm. t. I, p. 95, je ne puis le comprendre, d'abord parce que Timour n'a jamais pris Ani (aucun historien ne raconte ce fait, qui doit avoir eu lieu, suivant le voyageur,
en 1386 ou 1387); ensuite et surtout, parce que les indications topographiques ne concordent pas avec la localité.
P. 94, en entrant à Ani par la porte du Lion, le fond du tableau est occupé par la citadelle; *à droite* on a le palais de Nouchirvan; p. 95, l'assaut véritable était *du côté de l'ouest*, aux environs du palais; les braves soldats de
Timour n'ont pas agi du côté de l'Akhourian, où se faisait seulement une fausse attaque; le fossé a été comblé
avec des sacs, pour atteindre la muraille. Or le palais des Pahlavides est presque directement au N.; le côté de
l'ouest est la vallée encaissée et inabordable de l'Aladja-Tchaï, et les bords de l'Akhourian n'offrent de prise qu'à
l'endroit du pont.
Le vieux corsaire Méhémet, qui renseignait M. Texier, n'était pas plus solide, à ce qu'il paraît, en histoire
qu'en géographie.   *

riers dans la ville, il combattait bravement et, de l'intérieur, tua bon nombre d'ennemis.
Toutefois la catapulte, à force de lancer des pierres, ayant mis en danger ce côté du mur,
Bagrat sortit par-là pour combattre et fit une vigoureuse résistance.

75. Au matin, avant le lever du soleil, les Persans firent jouer la catapulte du même
côté, tellement qu'une partie de la muraille s'écroula; ils poussèrent tous ensemble un cri
de joie, pensant pouvoir pénétrer facilement dans la ville; les habitants aussi tremblaient
que d'autres pans de la muraille ne s'écroulassent encore. Alpaslan donc encouragea ses
troupes, qui se portèrent dans cette direction et s'efforcèrent de pénétrer dans l'intérieur,
mais la brèche, étroite et pleine d'aspérités, leur rendait la chose impossible. Les habitants
donc, voyant qu'ils pouvaient les repousser, réunirent tous leurs efforts pour faire tête, et
en jetèrent beaucoup sur le carreau. Alpaslan se convainquit qu'il ne lui serait pas possible de prendre la ville du côté de la brèche, ni de renouveler autrepart l'attaque de la catapulte. Il ordonna donc à ses gens de cesser l'attaque et de battre en retraite; de leur
côté, les princes arméniens, non moins pusillanimes et découragés que les Persans, tremblaient de faire un mouvement en avant et, faibles de coeur, se figuraient que les assié-
geants allaient revenir à la charge.

76. Ils délibérèrent donc de se retirer dans la citadelle Intérieure, de s'enfuir ou de
remettre sans combat la ville aux Persans, qui, à la vue des formidables constructions
d'Ani, pensaient les trouver animés de l'esprit des preux Arméniens, de fils patriotes, dignes de leurs ancêtres, qui allaient se précipiter sur eux et les exterminer. Ils ignoraient,
qu'au lieu de cela il ne restait que des Grecs pusillanimes et quelques Arméniens grécisés,
incapables de défendre une telle cité, protégée naturellement par la grande oeuvre de l'illustre roi Sembat. Sans compter qu'une ville forte réclame des habitants énergiques, de
vigoureux guerriers; car les sages l'ont dit, pour qu'une flèche perce une forte poitrine,
elle doit partir d'une poitrine robuste.

C'est une chose surprenante: les Grecs avaient tout fait pour prendre Ani, sans
crainte du jugement de la divine justice, sans s'émouvoir de pitié pour le cruel esclavage
des chrétiens; maintenant ils se décident si aisément à le remettre aux mains de ces ennemis, qui déjà commençaient à se retirer et à fuir. C'est qu'en effet une entreprise injuste
croule bien vite, qu'un gain illégitime est toujours sous le coup de la justice de Dieu.

77. Conformément à leur décision, les lâches princes d'Ani se retirèrent donc dans
la citadelle Intérieure [1]) et s'y fortifièrent, tandis que les malheureux habitants, qui n'avaient
jamais vu de guerriers si infâmes, apprenant la retraite des princes, s'agitèrent et poussèrent tous ensemble des cris lamentables. Puis, voyant que les Persans avaient battu en
retraite: «Il est temps de fuir,» dirent-ils. Jusqu'à 50,000 personnes sortirent donc et se
dispersèrent, tirant d'un autre côté. Ce qui restait de troupes persanes, entendant le bruit

---

1) Tchamitch, t. II, p. 981, parle, à deux lignes de distance, d'une citadelle *Intérieure*, aussi mentionnée
chez Aristakès, p. 120, et d'une citadelle *Supérieure*, que je n'ai pas retrouvée chez les autres écrivains, mais qui
parait identique à la précédente.

et les cris des fuyards d'Ani, furent dans l'étonnement. L'un d'eux s'approcha et, comprenant ce que c'était, en informa les autres. Quelques-uns se hâtèrent d'en porter la nouvelle à Alpaslan, d'autres pénétrèrent par la brèche, et ayant arraché un enfant des bras
de sa mère, le montrèrent à leur maître, en disant: « La ville s'est livrée à nous. »

78. Alpaslan, d'abord incrédule, ne se rendit qu'à la vue de l'enfant: « Leur Dieu,
ajouta-t-il, nous les abandonne aujourd'hui, ainsi que l'imprenable ville d'Ani. » En conséquence il se hâta de ramener ses troupes, qui pénétrèrent sans peine dans l'intérieur,
comme un furieux débordement, et qui, l'épée au poing, s'unirent pour massacrer les habitants, avec une rage indicible, en représailles du massacre des leurs. Les rues regorgèrent
de sang, et les eaux de l'Akhourian en furent rougies. Après cela les Persans brisèrent les
portes des superbes palais, y entrèrent et les dépouillèrent de leurs richesses; les jeunes
garçons et les vierges furent faits captifs, le reste fut égorgé sans pitié. Pour les princes,
on les tortura horriblement, on leur coupa les membres, afin de tirer d'eux le secret de
leurs trésors: en un mot, tous les coins de la ville s'encombrèrent de cadavres.

79. On se prit ensuite à enfoncer les portes des églises, à polluer les saints temples;
les prêtres étaient jetés au feu, d'autres subirent d'affreuses tortures, afin qu'ils révélas-
sent les richesses des églises. Ceux-ci furent égorgés tout vifs, ceux-là tenaillés impitoyablement: églises, palais, tout fut spolié jusqu'à la nudité. Un Persan, par un escalier secret
de la cathédrale, arriva jusqu'au faîte et, avec beaucoup d'efforts, en arracha et fit tomber
la précieuse croix d'argent qui ornait la pointe de la coupole; delà, pénétrant dans la
coupole même, il précipita en bas le beau lustre de crystal, apporté et dressé là par ordre
du roi Sembat: ce dont Alpaslan fut indigné.

Ainsi, non content de massacrer sans relâche les habitants, l'ennemi détruisit avec
rage les magnifiques édifices, si bien que le ciel même, dans sa douleur, se voila tout-à-
coup; au milieu d'affreux éclats du tonnerre, il versa des torrents de pluie, qui inondè-
rent la ville et, dans leur cours, entraînèrent vers le fleuve les cadavres des morts. Bien
que cet événement eût calmé la fureur destructive des Persans, cependant ils recommen-
cèrent à fureter et à piller. [1])

80. Ils tournèrent ensuite leurs armes contre la citadelle Intérieure, où les lâches
princes, maîtres de la ville, s'étaient fortifiés, et ayant confié la place à une garnison,
s'étaient enfuis par des chemins secrets. Les Persans n'eurent pas non plus de peine à y
pénétrer, se saisirent des clefs et mirent tout au pillage. Alpaslan ordonna que ce qui restait de princes arméniens fussent envoyés en Perse, avec les autres captifs, en en laissant

---

1) Suivant les autorités qu'il a consultées, l'historien de l'Arménie fixe la prise de la ville au 30 maréri
513, 6 juin 1064; d'après M. Dulaurier, Rech. sur la chronologie arménienne, p. 297, le lundi 16 août. Je n'ai
de foi implicite ni à l'un ni à l'autre témoignage et me contente de les citer; car on pourrait tout aussi bien
fixer la prise d'Ani au 31 décembre, et l'on ne sait si le jour, « un lundi après la fête de la Vierge, » donné par le
seul Samuel d'Ani, éloigné du fait par environ deux siècles, est exact et authentique. Il resterait encore à fixer la
durée du siége. A cet égard nous n'avons qu'un mot de Matth. d'Edesse, p. 123: « Le siége durait depuis longtemps, » qui est tout-à-fait insuffisant; en sorte qu'ici encore on est réduit à avouer son impuissance.

seulement quelques-uns pour relever la ville. Il fit aussi amener de divers pays des populations destinées à la ville désolée, et en ayant donné le commandement à un Persan, avec
quelques troupes, opéra sa retraite. Bien qu'Ani se fût en peu d'années rempli d'une population considérable, pourtant il ne recouvra point son ancienne magnificence et splendeur; car ayant éprouvé de tristes vicissitudes, il vit ses malheureux habitants s'enfuir
par masses en diverses contrées. [1])

81. Dans ce même temps donc, en 1062, les citoyens d'Ani avaient commencé à
émigrer en Pologne, comme nous devons le raconter plus bas, ce qui a fait dire à l'historien grec Jean, dans sa sympathie pour eux: «Telle était la pénible situation des peuples
soumis à l'empire grec, en Asie et dans tout l'orient.» Les Grecs purent alors apprécier
la bravoure et la sagesse des rois arméniens, qui savaient triompher de leurs féroces ennemis, comprendre combien il est difficile de se tenir immobile en face de l'ennemi et
d'administrer un royaume. Mais quel profit pour eux? le bien volé leur échappa, la nation arménienne disparut avec les dernières traces de la monarchie. Pour n'avoir pas su
respecter un roi sage et valeureux, Dieu les livra aux mains de princes sans coeur, qui,
en faisant la folie de s'enfermer dans la citadelle Intérieure, amenèrent la perte de la ville
et d'une quantité d'Arméniens et de Grecs. Ce sujet a inspiré au vartabied Aristakès d'é-
loquentes lamentations.

§ VII. Troisième prise d'Ani.

82. En 1072 l'émir musulman Phatloun [2]), apprenant qu'Ani se relevait, eut le désir
de le posséder et de le faire refleurir. Au prix d'une grosse somme, donnée au monarque
persan Alpaslan, il l'acheta et y plaça comme commandant son petit-fils, le jeune Manoutché. Celui-ci, dès qu'il atteignit la virilité, répara les ruines et les murailles et fit appel
aux notables Arméniens, dispersés en divers lieux, qui, s'y étant réunis, commencèrent à

---

1) Le roi de Vanand et de Cars, Gagic, fils d'Abas, fut lui-même tellement affligé de la prise d'Ani par
les Turks, qu'il livra à l'empereur Constantin Ducas sa ville et son territoire, et reçut en échange la ville de
Dzamendav, dans la Petite-Arménie, entre Amasia, Comana et Larissa, où il vécut en simple prince; Tcham. II,
983. Il ne resta donc plus dès-lors qu'un seul roi arménien, celui de Loré ou des Aghovans postérieurs.

2) C'était un émir de la tribu des Béni-Cheddad, maître du Karabagh et d'une partie du Chirvan. Pour sa
généalogie v. Hist. de Gé. p. 344 et Bullet. Hist. Philol. t. VI, p. 193. L'indication de l'achat d'Ani par ce prince
se trouve chez Vardan, p. 82, et chez Tchamitch, II, 995, qui dit en effet que Manoutché ou Manoutchar était
petit-fils de Phadloun. Or il n'est pas croyable que Phadloun Ier, de la dynastie des Béni-Cheddad, vécût encore en
1072, passe encore pour Aboulsévar, père de Manoutché, qui, en 1063, 4, fit construire à Gantzac la porte de fer
aujourd'hui conservée à Gélath. Il doit y avoir quelque confusion ici. M. S.-Martin, Mém. t. II, p. 434, dit bien
qu'Ani fut donné par Phadloun à son *petit-fils* Manoutché, mais t. II, 235, citant une source arabe, il nomme Mé-
noudjéher *frère* de Phathloun, émir de Dovin. C'est là ce qui m'a fait dire dans l'article consacré à Manoutchar,
Hist. de Gé. p. 344: Phazl II. Manoutché, petit-fils de Phazl Ier, le Phaltoun des Géorgiens, et frère de Phazl II;
une imperfection de la disposition typographique des noms a été cause que j'ai commis moi-même une erreur dans
le Bull. Hist. Philol. t. VI, p. 193, et que M. Ivanof, en reproduisant cette généalogie, dans le journal Кавказъ,
pour 1855, p. 382, a écrit: Фазлъ II или Мануче; cf. Hist de Gé. p. 328, n. 2. La réparation des murs d'Ani par
Manoutché est constatée par une inscription coufique sans date, v. 3e Rapp. p. 143, et ici même, 1re Partie, p. 58.
Il me semble donc qu'Ani fut acheté, ou par Aboulsévar pour son fils, ou par Phatloun, Phazl II, pour son frère.

availler au bien commun, dans un esprit de civilisation, et à respirer, grâce à ce prince.
La prise de possession d'Ani fut donc un bien; car Manoutché, homme de haute intégrité,
out étranger qu'il était, se montra plus sympathique que les Grecs aux Arméniens, dé-
ouillés par les Persans, et prit à coeur la prospérité de la ville.

83. Au même temps, en 1072, Alpaslan fut tué et son fils Mélik - Chah devint souverain de la Perse. C'était un prince pacifique, de moeurs douces, clément envers les Arméniens, et qui laissa en paix l'Arménie. Le roi Gagic, encore vivant à cette époque, ayant
appris ces bonnes nouvelles, éprouva le désir d'aller auprès de Mélik - Chah, et d'essayer
par son moyen de rompre les fers de l'Arménie. Il en délibéra avec quelques seigneurs
arméniens qui, non - seulement ne partagèrent pas ses idées, mais le détournèrent de former de tels projets, de peur que les Grecs, dès qu'ils en auraient vent, ne persécutassent
les Armeniens, en disant: «Il n'y a plus de repos pour nous, ni en Arménie, ni même en
Grèce.» Ces gens donc, qui n'aimaient que leurs aises, arrêtèrent par leur égoïsme mal-
veillant l'exécution des nobles projets du roi. Autrement la bravoure et la sagesse de Gagic eussent sans aucun doute restauré la monarchie arménienne. Son coeur défaillit et se
brisa, à la vue d'une telle indifférence. Etant resté en Grèce, en proie aux tourments de
l'inquiétude, il finit par succomber sous les coups de vils assassins; ses deux fils le sui-
virent au tombeau, et la dynastie Bagratide s'éteignit.

84. Or en 1080, au temps du prince Manoutché, le brave Rhouben, parent de Gagic [1]), s'empara de la Cilicie et conquit par ses exploits une position indépendante. Ce fut
le commencement de la dynastie Rhoubénienne de Cilicie. Là se trouvait Grigor-Vcaïaser,
fils du grand prince Grigor-Magistros, qui fut reconnu l'année suivante comme catholicos.
Cependant les Arméniens d'orient, se croyant lésés, lui écrivirent pour qu'il vînt en personne, réintégrer le siége à Ani, ou qu'au moins il permît d'installer comme catholicos,
en cette ville, Ter Barsegh, fils de son frère [2]). Vcaïaser consentit au dernier point, et en
1082, de l'assentiment du prince Manoutché, plusieurs seigneurs se réunirent à Ani, où
Stéphanos, catholicos des Aghovans, releva le siége de sa ruine, en sacrant Barsegh
catholicos.

85. En 1086, Mélik-Chah fut si puissant qu'il arracha aux Grecs toute l'Arménie et
s'avança jusqu'à la mer Méditerranée. Manoutché s'empressa de lui faire hommage d'Ani,
dont il resta maître en son nom. Au même temps le catholicos Barsegh alla en Perse et

------

1) Il n'existe pas de témoignage certain que Rhouben, fondateur du royaume arménien de Cilicie, fût Bagratide, mais la tradition à ce sujet, propagée sans doute dans l'intention de perpétuer le dogme de la légitimité,
est admise par les historiens. Vardan, sous l'année 548—1099, relate en effet la mort de Costandin, grand prince
d'Arménie, fils de Rhouben, *parent du roi Gagic.* Je n'ai trouvé cette indication ni chez l'historien Sembat, ni chez
Vahram, dans son histoire en vers des Rhoubéniens. Kiracos, éd. de Moscou, 1858, p. 61, parlant de ces
princes, dit qu'ils étaient de la descendance des fils de Gagic Ardzrounien, le premier roi arménien du Vaspouracan. Ils se rattachaient donc, au moins par les femmes, à la race Bagratide; v. Addit. et éclairciss. p. 161, Tableau généalogique.
2) Ce Barsegh, fils *d'une soeur* de Vcaïaser, était déjà archevêque de la province de Chirac et résidait à Ani.

pria Mélik - Chah de mettre un terme aux violences et injustices de ses sujets envers les
Arméniens, qui émigraient en foule dans d'autres contrées. Le prince se rendit à son dé
sir, ordonna qu'on portât la croix devant lui, en signe d'honneur, et le renvoya à Ani
comblé de bons traitements. Avec lui se trouvait son frère Grigor, et tous deux, sous la
protection de Manoutché, maintenaient la tranquillité en Arménie.

86. En 1094, 7000 Thathars de la Scythie marchèrent contre Ani, qu'ils attaquè-
rent vigoureusement, et s'efforcèrent d'enlever. Mais le prince Grigor, frère du catholicos
Barsegh, avec quelques braves, leur tint tête, les dispersa et fit périr plusieurs de leurs
chefs. Lorsqu'à la même époque les musulmans exerçaient d'affreux ravages au pays de
Vanand, un Arménien distingué en enleva et apporta à Ani la croix de Nouné [1]), transportée de Géorgie en Arménie par les soins de Chouchan, fille de Vardan - le - Grand. Ce
fut le sujet d'une vive allégresse pour ceux d'Ani, qui fixèrent au jour du crucifîment la
fête de la croix, aujourd'hui supprimée.

87. En 1104, après que les croisés latins, venus en orient, se furent rendus maîtres
de Jérusalem et d'Edesse, le catholicos Barsegh alla résider en cette dernière ville, dont
le duc, humain et bien disposé pour les Arméniens, lui donna des propriétés et des villages. Toutefois le catholicos allait de temps en temps à Ani, soigner son troupeau. De tous
côtés on ne voyait que prospérité et bon ordre; car sous un pasteur vigilant les brebis
n'ont rien à craindre, au lieu que si le pasteur se livre au sommeil, le troupeau est
en danger.

§ VIII. Quatrième prise d'Ani.

88. Après la mort de l'émir Manoutché, en 1110, d'après Samouel d'Ani, son fils
Apelsouar lui succéda. C'était un homme faible et sans coeur. Aussi les Thathars [2]), devenus puissants, firent-ils beaucoup de mal à ceux d'Ani et désolèrent-ils toute la province
de Chirac. Au lieu de faire acte de vigueur et de les chasser, Apelsouar résolut de vendre
la ville à un émir musulman. A cette nouvelle les Arméniens effrayés ne trouvèrent pas de
meilleure ressource que d'informer David, roi de Géorgie, qui arriva et bloqua la ville de
divers côtés. Toutefois, grâce à des intelligences dans l'intérieur, les Géorgiens y pénétrèrent sans coup férir, en 1124, après une occupation de 60 ans par les Persans. Le roi
David, non-seulement ne fit aucun dommage à la ville, mais encore la purifia, ainsi que les
églises, de toutes les souillures des gentils, restaura la cathédrale, dont on avait fait une
mosquée, et l'ayant fait bénir en grand appareil par les évêques, replaça la sainte croix

---

1) Sur les migrations de cette croix, chère à la Géorgie, v. Addit. et éclairciss. p. 76; Tchamitch, t. II. p.
87, 749; III, 17.

2) Sans entrer dans des détails étrangers au sujet, on sait qu'il s'agit de ces dynasties éphémères, détachées
des Seldjoukides, qui s'établirent alors dans l'occident de l'Asie, telles que les Ortokides, les Seldjoukides d'Icone
et les atabeks, fondées vers cette époque, et qui n'étaient guère portées à ménager un faible état, comme celui
des émirs d'Ani, de Dovin et de Gantzac.

sur la coupole. Il confia ensuite la ville à Apelbeth, prince géorgien, et à son fils Ivané[1]), et rentra de sa personne en Géorgie, emmenant Apelsouar[2]) à Tiflis.

89. David mourut la même année. Son fils et successeur Démétré était Arménien par sa mère[3]). Beaucoup d'Arméniens, émigrés d'Ani en diverses contrées, ayant appris que les chrétiens en étaient maîtres de nouveau, revinrent s'y fixer. Dès avant la prise de cette ville, Grigor catholicos, frère de Chnorhali, voyant combien l'éloignement de la Cilicie, par rapport à l'Arménie, laissait la nation sans consolateur, avait résolu d'aller à Ani et d'y transporter le siége. Ayant écrit à Apelsouar pour obtenir son assentiment, l'émir le lui avait accordé avec joie; mais l'occupation géorgienne arrêta l'exécution de ce plan.

90. Or à l'époque de la prise d'Ani par les Géorgiens, Phatloun, fils aîné d'Apelsouar, se trouvait dans le Khorasan; quand il eut appris l'événement, il leva à ses frais, en Perse, des troupes nombreuses, vint dans le Chirac, investit et commença à attaquer Ani. Ivané se défendit bravement; mais après un blocus d'une année, la faim se fit sentir dans l'intérieur et força les habitants à s'enfuir les uns après les autres. Ceux qui tombaient aux mains des Persans étaient massacrés sans pitié, si bien, qu'au dire de Samouel d'Ani, la terre était couverte d'ossements et de sang.

Les Persans firent de tels progrès dans leurs attaques, qu'ils s'enhardirent jusqu'à escalader les murs avec impétuosité; mais là se trouvait une femme généreuse, Aïdziamn, qui leur résista bravement d'en haut et les chassa à coups de pierres. Ils eurent beau, du dehors, la percer de leurs flèches, rien n'y faisait; elle arrachait leurs traits de son corps et les leur renvoyait, et fit tant de ravage dans leurs rangs, qu'ils étaient dans l'admiration d'une telle bravoure féminine.

91. Comme les deux parties étaient également fatiguées du siége, Phatloun envoya proposer aux chefs de la ville de la lui livrer à l'amiable, promettant de ne leur faire aucun mal et de ménager toujours une cité qui était son patrimoine héréditaire. Les habitants prirent terme, afin d'informer le roi Démétré, qui, réfléchissant qu'il ne pourrait à l'avenir leur assurer la tranquillité, du côté de l'ennemi, ordonna de traiter de la paix avec Phatloun, à condition que, sa vie durant, la ville resterait en son nom, et que la croix ne serait pas enlevée du faîte de l'église.

92. Phatloun y consentit et, après s'être lié par un serment, entra paisiblement à Ani, en 1126. Fidèle à ses engagements, il ne causa aucun préjudice et se montra toujours soigneux de conserver la paix. Par sa bravoure il réussit même à soumettre tous les environs. Toutefois notre nation resta dans un dur esclavage et vit sa misère augmenter journellement, suivant ce qu'écrit Samouel d'Ani. «Quoique ce prince, dit-il, préser-

---

1) C'étaient des Orbélians, de la seconde période; v. Hist. de Gé. p. 389, et pour l'occupation d'Ani, ib. p. 359; Addit. et écl. p. 230, 232.

2) C'est Matth. d'Edesse, p. 234 du Mit., qui énonce ce fait, inconnu aux historiens géorgiens.

3) On croit que la famille des Charwachidzé, i. e. fils du Charwacha ou Chirvanchah, souveraine de l'Aphhazie, descend des fils d'Aboulsévar, qui, suivant les historiens, ne revirent jamais leur patrie.

17

vât le pays des incursions d'autrefois, cependant les maux ci-dessus décrits, les anciennes réquisitions et violences, nous causaient une pauvreté et des privations indicibles, comme ce que l'Arménie éprouvait aux époques précédentes; tout cela alla en progressant jusqu'à celle où nous vivons.»

93. L'émir Phatloun, après avoir fait régner à Ani une courte tranquillité, ne put voir sans envie les pompes de l'église et ses riches ornements. La cupidité le poussa à s'emparer de ces précieux objets. La cathédrale avait alors pour sacristain le vertueux prêtre Grigor, disciple du vartabied Sarcavag, qui forma le projet d'aller vivre au couvent de Khor-Virap. Arrivé à Dovin, il eut peur, en voyant le nombre des musulmans. Mais comme il avait coutume de répéter sans cesse «Béni soit le Christ divin, fils de Dieu,» son compagnon lui dit par dérision: «Voilà le moment de bénir le Christ, suivant ton habitude. Si tu l'oses, dis en face des ennemis, Béni soit le Christ divin, fils de Dieu.» Le saint prêtre, animé de ferveur, se mit à élever la voix, en répétant sa bénédiction habituelle. Les musulmans, l'ayant entendu, le frappèrent cruellement; apprenant qu'il était d'Ani, ils le chargèrent de chaînes et l'envoyèrent à Phatloun, comme blasphémateur de leur foi. A sa vue l'émir se réjouit, en pensant que l'occasion serait bonne pour piller l'église. Ayant jeté le prêtre dans un cachot obscur, il se fit apporter les clefs de la cathédrale et maltraita Grigor, afin qu'il lui en livrât toutes les richesses. «Autrement, dit-il, tu ne sortiras jamais de prison, et je n'en ferai pas moins, par la force, ce que je veux.» Pour le prêtre, dédaignant ses menaces, il persévéra dans sa fermeté et ne cessa de prier le Christ, son refuge. La nuit suivante il apparut en songe à l'émir des hommes de feu, qui voulaient le déchirer; cette vision lui inspira une telle frayeur, qu'il en tomba grièvement malade, et ayant ordonné de tirer sur-le-champ Grigor de sa prison, le conjura de prier pour lui. Il eut bien de la peine à recouvrer la santé.

94. Cata ou Catherine, grand'mère de Phatloun, qui appartenait à la famille royale d'Arménie, était chrétienne. Non-seulement elle exhortait son petit-fils à épargner les chrétiens, mais elle avait élevé le jeune frère de l'émir dans de si vertueuses pratiques, qu'éclairé dès sa jeunesse de la lumière divine, son coeur s'embrasa de l'amour du Christ. Il quitta Ani et s'enfonça dans la solitude du mont Sépouh, où il passa 15 ans dans l'exercice d'une austère pénitence. Quand il était en prières, une lumière s'élevait au-dessus de sa cellule, et il mourut ainsi saintement, en Cilicie, au couvent de Drazarc. [1])

IX. Cinquième prise d'Ani.

95. Un affreux tremblement de terre, qui se fit sentir à Ani en 1131, fut tellement violent, qu'il renversa la grande et magnifique église d'Arménaphrkitch «le Sauveur du monde,» sans causer aucun dégât à un autre majestueux édifice, celui de Sourb-Phrkitch «le Saint-

---

1) V. dans le 6e Rapp. sur mon voyage, p. 133, une inscription géorgienne, du village d'Oro-Djöghli, où je crois qu'est mentionné le fils chrétien de Phadloun, sous le nom de «El Mélik, fils de Phadla.»

Sauveur [1]. » Un an après, Phatloun mourut, ayant possédé la ville durant 7 années, et eut pour successeur son frère Mahmoud, puis son fils Phatloun [2]. Cependant Démétré, roi de Géorgie, étant mort, son fils et successeur Gorgé, devenu puissant par de brillants exploits, pénétra en Arménie, et s'empara d'Ani et de la province de Chirac [3]. A cette nouvelle l'émir Chah-Armen rassembla 80,000 hommes et vint assiéger Ani, cinquante jours après. Gorgé en fut informé et accourut avec 7000 hommes, qui, par leur bravoure, réduisirent l'ennemi à l'extrémité : les uns furent passés par le glaive, d'autres emmenés captifs, le reste se dispersa et s'enfuit. « Nous l'avons vu de nos yeux, dit Samouel d'Ani ; les captifs inscrits se montaient à 23,000, sans compter les cadavres recouverts par nos champs. »

Ayant mis la ville sous le commandement du prince Sadoun [4], Gorgé retourna chez lui. Sadoun voulut restaurer les remparts d'Ani, mais le roi, à cette nouvelle, craignant qu'il n'eût des projets de révolte, le remplaça par Sargis [5], un très illustre prince arménien; pour Sadoun, il en fut si mécontent qu'il se rendit auprès d'Eltcouz, général persan; mais Gorgé réussit par la ruse à le tirer delà et le fit mourir.

96. Eltcouz, qui était en hostilité déclarée à l'égard des Géorgiens, ayant excité le sultan seldjoukide souverain de la Perse à marcher contre Ani, il se rassembla une armée nombreuse, qui assiégea la ville durant 30 jours, en 1162, et qui, après d'inutiles efforts, se retira couverte de honte. Les Persans, devenus plus furieux, ne cessèrent de faire des incursions sur le territoire géorgien et de le désoler, durant 4 ans, ce qui poussa Gorgé au désespoir et le força à leur livrer Ani, pour obtenir la paix [6]. Ce fut ainsi que la belle

---

1) Tchamitch, II, 47, dit seulement que la première de ces deux églises diffère de la seconde, bâtie par le roi Sembat-le-Martyr, mais à Erazghavors, et non à Ani; n'ayant pas l'ouvrage de Samouel d'Ani, je ne puis vérifier le fait, qui arriva un jeudi, 15 du mois de maréri, ou de mai.

2) V. Hist. de Gé. p. 344, la succession des émirs d'Ani ; Add. et écl. p. 254, 256.

3) Avant l'expédition du roi Giorgi III il faut mentionner un passage de l'historien arabe Aïny, qui porte qu'en 550 de l'Hégyre, 1155,6 de J.-C., le clergé arménien suscita une révolte à Ani contre l'émir Cheddad, lui enleva l'autorité et la donna à son frère Phazloun. Ce passage, qui paraît avoir été copié de l'ouvrage historique d'Ibn-al-Athyr, est le seul qui parle du fait en question, en sorte qu'on ne peut le critiquer. Pour Giorgi, il prit Ani, si l'on s'en réfère à l'autorité d'Et. Orbélian, d'Ibn-al-Athyr, d'Aboulfaradj (Chr. Syr.), et de Matth. d'Edesse, en 1161. M. Dulaurier, Rech. sur la Chron. arm. p. 362, 3, établit avec beaucoup de vraisemblance que le fait eut lieu le mardi 27 juin, après un jour de siége; que Soukman II Chah-Armen essuya le 4 août la défaite sanglante ici mentionnée, suivie le 7 août d'une éclipse totale de lune. Tcham., t. II, p. 79, place la prise d'Ani le 13 juin. Je relate son témoignage, parce que je n'accorde jamais une foi entière à tous ces calculs sur des temps anciens, où il existe rarement unanimité entre les savants les plus capables, et qu'il est trop aisé de perdre de vue certaines circonstances, devant entrer comme éléments dans les résultats.

4) L'origine de ce Sadoun n'est pas encore éclaircie.

5) Le quatrième en ancienneté des personnages connus de la famille Mkhargrdzélidzé «au long bras,» entrée au service de la Géorgie sous David-le-Réparateur. S'il faut en croire les Géorgiens, elle descendait d'Artaxerxé Longue-main; suivant Vardan, c'étaient des émigrés de race kourde ; peut-être faut-il lire «de la famille de Kourd,» prince de Khatchen.

6) Evidemment cela dut avoir lieu en 1165; toutefois il y a des différences entre les témoignages des Arméniens et des Arabes ; v. Hist. de Gé. p. 242. Nous ne savons pas positivement à quel émir la ville fut remise après la défaite de Giorgi, dans la plaine de Nakhtchévan, mais en tout cas ce fut le sultan Arslan qui reçut Ani du roi géorgien et le restitua aux Béni-Cheddad, peut-être à Chahanchah ou Amir-Chah, qui le reperdit en 1174.

cité, tombée aux mains des étrangers, devint le jouet des rois qui, se l'arrachant l'un à l'autre, la dépouillaient de ses charmes. Que n'eurent pas à souffrir les habitants? qui peut raconter la misère et l'esclavage dont elle fut la proie?

97. En 1174 le roi Gorgé, alors puissant, marcha avec une armée contre Ani, le prit résolument, en donna le commandement à son général Ivané Orbélian[1]) et emmena captif en Géorgie Amir-Chah (ou Chahanchah). A cette nouvelle Eltcouz indigné fondit sur le Chirac et investit la ville, qu'il resserra au point de forcer Ivané à promettre de se rendre; mais les Arméniens résistèrent bravement à leur chef, et, animés de patriotisme, tinrent si bien tête à l'ennemi, qu'Eltcouz se découragea et battit en retraite.

98. A la même époque un illustre seigneur d'Ani, Apirat, frère de Barsegh[2]), qui en était évêque, jouissait de la faveur du roi Gorgé, dont il tenait le parti. Barsegh possédait également une si grande influence, qu'il gouvernait sagement la nation, avec l'indépendance d'un catholicos. La ville n'avait plus de répit; on se l'enlevait incessamment l'un à l'autre, par la force des armes; elle passait tantôt aux Persans, tantôt aux Géorgiens[3]); car c'est là le malheur de toute maison ou ville sans maître. Au milieu de conflits violents, les habitants meurent de faim ou par le fer, ou s'éteignent dans l'esclavage. Qu'y a-t-il d'étonnant à ce que l'arbre de la discorde produise de tels fruits et plonge honteusement les nations ennemies de leurs maîtres dans toute sorte de disgrâces, ainsi qu'il arriva à ceux d'Ani, tant clercs que laïcs? Dispersés en diverses contrées, ces gens tombèrent dans le désordre, et négligeant les institutions des pontifes, se livrèrent à toutes leur fantaisies. On voyait des prêtres, sous prétexte d'indigence, offrir le sacrifice en simple robe, sans vêtements sacerdotaux, les moines avec leur bonnet et capuce. Pour les laïcs, ils n'entraient pas dans l'église, et priaient par-dehors. L'Arménie était témoin encore de bien d'autres désordres; car là où subsiste l'esprit de mésintelligence, règne toute espèce de désorganisation.

§ X. Sixième prise d'Ani.

99. En 1185, l'émir musulman Kharatchaï vint dans le Chirac et s'empara de la ville forte de Dzarhakar[4]), patrimoine héréditaire de Barsegh, évêque d'Ani. Ce prince

---

1) On peut voir dans les Addit. et éclairciss. p. 256, et dans les Mém. de M. S.-Martin, t. II, p 244, les difficultés que soulève cette expédition, entreprise à la prière d'Ivané Orbélian. Si elle eut lieu en 1174, et plus encore en 1177, comme le dit Vardan, Ildigouz était déjà mort. Toutefois le fait paraît certain, étant attesté par Vardan et par Aboulfaradj, dans sa Chron. syriaque, et doit avoir eu lieu en 1173, 4, avant la mort de l'atabek Ildigouz. Quant à la mort de Giorgi III, il est maintenant démontré qu'elle arriva, non en 1171, mais en 1184.

2) Ces deux personnages étaient fils de Grigor, le défenseur d'Ani en 1094, sup. p. 128; Barsegh, sans être catholicos en titre, jouissait des prérogatives de ce rang, grâce à la condescendance de son cousin Nersès-Chnorhali.

3) Nous ne connaissons pas le détail de toutes les vicissitudes qu'éprouva la ville d'Ani. Toutefois Vardan nous apprend que le Chirac fut conquis en 1191 par les Mkhargrdzélidzé Zakaré et Ivané; Ani, en 1201. En outre Zakaré avait été créé commandant de Loré et du Somkheth après la mort de son père, en 1187; depuis lors toute cette portion de la Géorgie méridionale resta au pouvoir de la famille. Une inscription du couvent de Haghartzin, où les possessions de ces princes sont mentionnées, est malheureusement sans date.

4) Ce Kharatchaï, de qui la nationalité est inconnue, était émir de la ville de Kétchror, que l'on croit avoir

tait l'ennemi acharné des Arméniens; il avait fait à tous beaucoup de mal et brisé la
inte croix dite de Goroz. Il en fut cruellement puni; car on le vit, fou furieux, roder de
ôté et d'autre, sans trouver de repos, et tomber aux mains de ses ennemis, qui le tuèrent.

100. Qizil-Arslan, fils d'Eltcouz, s'empara ensuite de Dzarhakar et y mit pour com-
andants des Persans farouches, qui exercèrent toutes sortes de cruautés sur les chrétiens.
ls arrachaient à chacun ce qu'il possédait; ceux qui n'avaient rien, ils les enfermaient
ans les cimetières et les y laissaient mourir de faim. Ils se saisirent aussi de sept moines,
u'ils firent périr au milieu des tourments les plus raffinés. Informés de tout cela, les gens
'Ani se réunirent pour marcher contre Dzarhakar, s'en emparèrent de haute lutte et ex-
erminèrent tous les Persans. Qizil-Arslan aurait bien voulu se venger, mais il eut peur
es princes Zakaré et Ivané [1]), accourus au secours d'Ani. «Vest-Sargis [2]), dit Samouel,
vait converti en forteresse le couvent de Dzarhakar, et l'avait muni de remparts et de
ortes tours. Outre la sainte église voûtée, construite au nóm de S.-Georges, il y avait
âti encore, tout près à près, deux églises à coupole, des saints Jean et Sékénos [3]).» Au
même temps, dit encore Vardan, Dzarhakar fut surpris par l'ordre de Kharatchaï, émir
de Kétchror, qui la vendit pour une grosse somme à Qizil-Arslan. En 635—1186, dit-il
ailleurs, ceux d'Ani reprirent Dzarhakar, patrimoine de Ter Barsegh, et y firent un carnage affreux, en n'épargnant que les femmes et les enfants.» [4])

101. En 1207 le prince Zakaré réunit un concile à Ani [5]), en vue de la discipline
ecclésiastique, qui mit fin aux désordres mentionnés plus haut. Après quoi il fit une expédition contre les Persans, auxquels, avec l'assistance de son frère, il enleva beaucoup
de territoires, et étant mort en 1211, fut enseveli à Sanahin [6]). Son fils Chahanchah, qui
était tout jeune, resta sous la tutelle de son oncle Ivané, avant de devenir maître d'Ani.

été située au voisinage et à l'O. d'Ani. On n'est guère mieux renseigné sur Dzarhakar «le rocher de l'esclave,»
qui paraît pourtant avoir été non loin de la même ville. Quant au lieu dit Goroz ou Gorhoz, il doit, d'après le peu
de témoignages qui le concernent, avoir été situé dans l'Outi, aux confins de la province de Gougark. La croix
provenant de Goroz était déposée à Dzarhakar; v. Indjidj, Arm. anc. p. 512, 515; S.-Martin, Mém. t. II, p. 438.

1) On a vu plus haut que ces princes conquirent le Chirac en 1191 : peut-être leur expédition fut-elle cau-
sée par les excès dont parle ici l'auteur arménien.

2) Sur ce personnage, v. sup. p. 113.

3) Arm. anc. p. 502.

4) Alicher, émir de Dovin, fut si affligé de cet événement, qu'il s'arracha la barbe et se couvrit de vêtements noirs : d'où l'on peut conclure que le poste de Dzarhakar n'était pas sans importance.

5) Sur ce concile, v. Addit. et écl. p. 288. Pour la mort de Zakaré, elle n'est pas encore fixée certainement, mais elle doit avoir eu lieu au plus tôt en 1212, et peut-être deux ans plus tard : v. ibid, et sup. 1re Partie,
p. 18.

6) Le lieu de sa sépulture est indiqué trop vaguement, par Tchamitch, t. III, p. 185, devant la porte de la
chapelle de l'église; par le P. Indjidj, Arm. anc., p. 347, «devant la porte de la chapelle de la grande église,
à l'intérieur, du côté gauche.» Cette phrase est tirée textuellement de Kiracos, p. 108, éd. de Moscou, sauf l'addition du mot souligné. Enfin, d'après le P. Sargis Dchalal, Voy. dans la Gr. Arm. t. I, p. 14, Sargis et Zakaré, son
fils, sont enterrés dans une des églises sépulcrales situées entre celles de N.-D. et du Sauveur. Seulement cet auteur nomme Sargis Vahramian ou fils de Vahram, ce qui n'est pas exact; car Vahram, auteur de la branche collatérale des Mkhargrdzels, était peut-être le frère, mais non, à coup sûr, le père de Sargis, qui était fils de Khosro,

102. En 1239, des masses innombrables de Thathars fondirent sur l'Arménie et exercèrent de grandes dévastations. Tcharmaghan, leur principal chef, marcha contre Ani avec une multitude de Thathars-Mongols, mais avant d'y arriver, il expédia un courrier demandant la reddition de la place. «Cette ville, répondit-on, appartient à Chahanchah, fils de Zakaré, et nous ne pouvons la rendre sans son ordre.» Les messagers partis, les imprudents habitants coururent après eux et les tuèrent. A cette nouvelle, Tcharmaghan furieux accourut incontinent et assiégea la ville. L'attaque fut si vigoureuse que la faim se fit sentir, et les vivres manquèrent. Pressés par le besoin, plusieurs princes sortirent et se livrèrent aux Thathars ; Tcharmaghan, usant de ruse, prescrivit de les nourrir et bien traiter, ce que voyant les habitants, ils sortirent peu-à-peu de la ville et se rendirent chez les Thathars. Ces scélérats les distribuèrent entre eux, comme pour en prendre soin, puis ils en firent un massacre général, à l'exception des femmes, des enfants et artisans, qu'ils emmenèrent en captivité. La ville prise, ils y entrèrent, pillèrent les maisons, boutiques et églises, et désolèrent et polluèrent Ani au point de le rendre méconnaissable. De la même manière ils ruinèrent tous les lieux de ces contrées où leur pied se posa et massacrèrent tous les seigneurs. N'ayant laissé au milieu des ruines que des êtres sans valeur, ils opérèrent leur retraite.

103. En ce temps-là les Arméniens fugitifs, sortant des vallées et descendant des montagnes, furent pris de chagrin et pleurèrent, en voyant leur patrie ainsi profanée et surtout la ville d'Ani dévastée entièrement, sans habitations ni habitants, les églises démolies, les palais et maisons mis au pillage, la ville entière sous le coup d'une déplorable destinée. Tous se lamentaient et maudissaient amèrement leurs discordes intestines, causes du renversement de la royauté d'Ani. Ils maudissaient les Grecs, perfides usurpateurs de cette magnifique cité, qu'ils n'avaient pas défendue, et voyant qu'il n'y avait plus d'espoir de la relever, ils gémissaient avec découragement, suivant ce que dit l'historien Kiracos, témoin oculaire.

104. Aussitôt que les peuples montagnards eurent mis le pied en Arménie, qu'ils en eurent vu les beautés et accaparé pour eux les merveilles, dès-lors il ne reculèrent plus et, dans des incursions incessantes, ils ravagèrent la contrée. Comme il n'y avait personne pour leur faire tourner le dos, en défendant la nation, ils exécutaient tout ce qu'ils voulaient ; tout tombait aux mains des ennemis, qui réduisirent la contrée aux dernières extrémités.

105. Petit fut le nombre des fugitifs qui purent avec peine se sauver dans les terres lointaines, tels que ceux de Cafa, de Trébisonde et autres, sans compter ceux qui, lors de la seconde prise d'Ani, étaient passés dans la Pologne et dans la Tartarie, ainsi que nous

comme l'attestent l'histoire et les inscriptions. Quoi qu'il en soit, on trouve l'épitaphe de ce Sargis, loc. cit. p. 28, mais non celle du généralissime Zakaré. Celle-ci se lit dans un cahier d'inscriptions que m'a donné autrefois le baron Schilling, N. 53 de Sanahin : « Moi Zakaré, le chef des adjudants, je me consume dans ce tombeau. Souvenez-vous de moi. »

aurons à le raconter. Le plus grand nombre de ceux qui échappèrent à Tcharmaghan allèrent à Astrakhan et à Akh - Séraï, comme le constatent les mémoires d'anciens Aïsmavourks ou Ménologes de Cafa.[1])

106. Etant tombé malade, Tcharmaghan, khan des Thathars, prit un médecin juif, qui lui donna le conseil de faire venir des enfants blonds, et de plonger ses pieds dans leur ventre tout chaud ouvert, «Seul moyen pour vous, disait-il, de recouvrer la santé.» Quand les serviteurs eurent rassemblé ces jeunes enfants, arrachés du giron de leurs mères, et les eurent amenés au khan, les malheureuses mères se précipitaient éplorées sur leurs pas, mais les Thathars les repoussaient sans pitié et en percèrent plusieurs de leurs flèches. Ce fut un spectacle lamentable, quand on commença à ouvrir les entrailles de ces enfants. On n'entendait que des cris déchirants, mais le prince impie avait endurci son coeur et ne sourcillait pas. Trente enfants furent ainsi déchirés, et ses pieds se plongèrent dans leurs entrailles. N'ayant éprouvé aucun soulagement et voyant que c'était un artifice du Juif, il lui fit ouvrir le ventre sous ses propres yeux et jeter son cadavre aux chiens. Quant à lui, la maladie amena son trépas.[2])

§ XI. Dernière catastrophe d'Ani.[3])

107. Avec l'extinction des braves et intrépides princes de l'Arménie, la puissance des Grecs dans ce pays déclina elle-même, et ils s'éloignèrent la honte sur le front. Dèslors les Thathars, trouvant la porte ouverte, se précipitèrent sur toute l'Arménie, saccagèrent les villes, emmenèrent les populations en captivité. Dans ce temps - là subsistait le royaume des Arméniens de Cilicie, que le roi Ochin[4]) avait bien de la peine à défendre contre ses ennemis, chaque jour grandissants, tandis que les Grecs s'affaiblissaient. Sans les princes d'Arménie et leur roi de Cilicie, c'en était fait à jamais de la puissance grecque, qui s'écroula en effet après la chute de la dynastie arménienne. L'envie et la discorde entre les chrétiens excitèrent le juste courroux du ciel, qui non - seulement les châtia en les forçant de se courber sous un peuple indigne de ce nom, mais encore engloutit dés cités entières dans les abîmes ouverts par d'affreux tremblements, et fit périr des myriades d'êtres humains.

108. En 1319 il y eut au pays d'Ararat un pareil tremblement, qui fit disparaître dans la terre plusieurs villes et détruisit quantité de villages. Au même temps la magni-

---

1) Le P. Minas a en effet publié p. 335—344 de son Histoire d'Ani, une très intéressante relation abrégée de la venue des Arméniens d'Ani à Caffa ou Théodosie, rédigée au XVIIe s. par un certain vartabied Vrthanès. Cette relation commence à l'année 1042, époque de la première émigration, lors de l'occupation d'Ani par les Grecs.

2) Tcharmaghan, ayant perdu l'usage de la parole, fut remplacé dans son commandement, en 1241, par Batchou-Noïn, et mourut l'année suivante.

3) Pour l'intervalle de temps écoulé depuis la prise d'Ani par les Mongols, il n'existe, à ma connaissance, de sources pour l'histoire de cette ville, que les inscriptions publiées par le P. Sargis et dans le 3e Rapp. sur mon voyage, et en outre les monnaies frappées par Houséin le Djélaïride, jusqu'en 1375 ou 77, qui prouvent du moins que la ville ne fut point abandonnée, ainsi qu'il va être dit, en 1319.

4) Ce prince régna en Cilicie 1308—1320.

fique capitale d'Ani fut ébranlée et s'écroula entièrement: ce qui arriva, suivant l'historien Ghazar de Dchahouc, par suite surtout des malédictions du prêtre Hovhan d'Ezenga: telle est la tradition que nous ont racontée ceux d'Ani. Comme l'on ne s'était pas mis d'accord pour sauver la belle capitale de l'Arménie, la chaux et les pierres, se désagrégeant, tombèrent et se précipitèrent comme matériaux sans liaison, entraînant l'oeuvre grandiose où s'était complue une génération amie du beau et de la concorde, et que la mésintelligence ne minait pas sourdement. [1])

§ XII. Ce qui reste d'Ani et de la province de Chirac.

109. La ruine d'Ani est encore sur pied: ce qui reste de ses merveilleux remparts, de ses splendides édifices, les débris des églises remarquables et des palais, témoignent jusqu'à-présent de sa magnificence. La majeure partie du mur est saine et apparaît avec ses blocs immenses, avec ses tours et bastions; mais au milieu de la ville on ne voit que monceaux de pierres, de colonnes, provenant de grands bâtiments, et que souvent on emporte au voisinage, pour d'autres constructions. Plusieurs palais et églises sont debout, comme, P. Ex. la vaste église construite par Gagic Ier, en quartiers de marbre rouge, qui se trouve le long de l'Akhourian [2]). Le nom de ce prince est écrit sur une pierre, des croix y sont disséminées, avec l'inscription: « Sauvegarde des rois. » Des voyageurs curieux, qui y ont pénétré, ont compté jusqu'à 40 églises, seulement de celles à coupole et en marbre, sans mentionner les grands palais et autres églises à moitié ruinées. Plusieurs des portes du rempart ont leurs montants et leurs tours en marbre; dans une de celles-ci se trouve un conduit souterrain, passant sous l'Akhourian. [3])

110. En-dehors du mur est une église de jolie architecture, que l'on dit avoir été construite par un seigneur déguisé en berger, qui l'a fait bâtir à ses frais, pour témoigner

----

1) Tchamitch, t. III, p. 317, mentionne en effet, d'après des sources qu'il avait à sa disposition, de grands tremblements de terre qui, en cette année, se firent sentir dans les provinces d'Ararat et d'Outik. Le couvent de Makou, renfermant le tombeau de S. Thaddée, dans le canton d'Artaz, du Vaspouracan, s'écroula aussi. Enfin Ani éprouva les effets désastreux de pareilles secousses; mais aucun historien de quelque valeur n'a rien écrit à ce sujet, et l'on peut voir dans le 3e Rapp. sur mon voyage, p. 69, les puérilités de la tradition concernant ce fait. Ce qu'il y a de sûr, c'est que la ville d'Ani, éprouvée fortement, et par les convulsions de la nature, et par l'abominable administration des Mongols, et plus tard aussi sans doute par le contrecoup des agitations de l'Asie, sous les premiers Osmanlis, sous Timour et sous ses successeurs, se dépeupla peu-à-peu, sans que nul témoignage certifie l'époque de l'abandon final. Toutefois dans l'Arm. anc. du P. Indjidj, p. 317, on trouve la mention d'un auteur, Ghazar de Dchahouc, que je crois être le catholicos de ce nom, élu en 1737, qui, dans un grand ouvrage, inconnu de moi, parle aussi de la chute d'Ani.

2) N'y aurait-il pas confusion? Au bord de la rivière se trouve l'église grecque, dont le fondateur n'est pas connu, mais qui paraît être de l'époque géorgienne. Quant à la cathédrale, oeuvre connue du roi Gagic, suivant M. Texier, Voyages, t. I, p. 149, les pierres de la façade sont en lave jaune et noire, placées sans ordre. La toiture est aussi en morceaux de lave, taillés comme les tuiles de marbre de certains temples grecs. P. 112, il dit encore que les piliers soutenant la coupole étaient en tuf volcanique tendre, mais se durcissant à l'air, employé par assises, alternativement jaunes et noires.

3) V. Arm. anc. p. 422. M. Mouravief, Гр우з. и Арм. t. II, p. 276, dit aussi que non loin du petit couvent de S.-Grégoire, se voit une ruine d'église masquant l'entrée d'une caverne sans issue.

de sa générosité, et en abandonna les revenus aux prêtres. Tout cela est prouvé par les inscriptions relevées grâce aux recherches personnelles de deux prêtres instruits, Ter Khatchatour et Ter Hovhan d'Edchmiadzin. Quoique à-présent, au voisinage immédiat d'Ani, il n'y ait plus ni habitants ni constructions, toutefois, à une certaine distance, on trouve des bourgs, et, en plusieurs lieux, de belles églises, ainsi que de grands couvents.

111. Dans la même zone se trouve Khochavank [1]), ou «le couvent réuni,» d'une solide et grande architecture, possédant une église du saint Illuminateur, que certains disent avoir été construite par le roi d'Arménie Hovhannès-Chahanchah, en 1030, ainsi que le prouve l'inscription d'un pilier [2]). Il y a ici une superbe salle de conseil, tout en grandes pierres, couvertes de sculptures, ornée de trois coupoles, et dont l'intérieur est divisé en trois parties : la dernière est le lieu du serment, car sous les rois Bagratides c'est ici que les grands se réunissaient pour délibérer. Un peu plus loin s'élève un haut édifice, semblable à un clocher, d'où le son des cloches appelait les conseillers à la réunion. On y voit encore les tombes royales, en forme de berceau, construites en pierres rouges et avec arcades *figurées*.

112. Hohannavank, à Carbi, fut construit, dit-on, par notre Illuminateur et par Trdat, et renferme quelques reliques de S. Jean-Baptiste. C'était, dit-on, un lieu de plaisance pour l'été. L'église a quatre portes : près de celle de l'O. est une croix, dite de l'Illuminateur, et, suivant la tradition, taillée à sa mesure. On voyait ici un manuscrit du livre des Paralipomènes royaux, avec un mémento, sans date. Au temps des Bagratides, ce couvent était extrêmement florissant. Plus tard Chahanchah et d'autres illustres princes et pontifes y firent beaucoup de constructions et lui assignèrent de riches revenus, ce dont font foi les inscriptions gravées partout sur les murailles [3]). Outre les inscriptions anciennes, on voit encore ici beaucoup de mémentos des bienfaiteurs, gravés sans date et rapportés par l'historien Zakaria [4]), qui donne les noms des supérieurs depuis saint Grégoire jusqu'à Sargis, vartabied de son époque, au nombre de quarante.

---

1) Ce couvent et le poste des Cosaques auquel il donne son nom se trouvent sur l'Arpa-Tchaï, à environ 15 verstes au N.E. d'Ani. C'est l'ancien monastère d'Horhomosivank «couvent du Grec;» v. Arm. anc. p. 429, et Sargis Dchal. t. II, p. 19.

2) La plus ancienne inscription connue de ce couvent est de l'an 487—1038; Sargis, t. II, p. 19. Elle contient une donation faite par le roi Ilovhannès-Chahanchah, mais non l'indication qu'il en fût fondateur. Au contraire Asolic, l. III, ch. VII, dit que le couvent fut fondé au Xe s., sous le roi Abas, 929—951, par des religieux arméniens émigrés de Grèce, sous l'empereur Romain-le-Jeune. Il fut brûlé en 982 par l'émir arabe Ab-el-Hadj, appelé par Mouchegh, frère du roi Achot-le-Miséricordieux; v. quelques inscriptions de ce couvent dans mon 3e Rapp. p. 96 et suiv., et chez le P. Sargis, t. II, p. 19 sqq. Rien n'empêche toutefois que Horhomosivank, quoique remontant au Xe s., n'ait été restauré, organisé définitivement sous le roi nommé ici dans notre texte.

3) Comme ceci ne se rapporte pas directement à Ani, je me contente de dire que l'auteur cite trois inscriptions d'Hohannavank, à Carbi, des années 1216, 1217, 1243 et 1248, et de renvoyer le lecteur à la description du P. Chahkbathounof, Descr. d'Edchm., t. II, p. 95—116, ainsi qu'à mon 8e Rapp. p. 71 sqq. Les principales inscriptions de ce lieu sont de la famille Mkhargrdzel, maîtresse de la contrée au commencement du XIIIe s., et des Vatchoutants, gouvernant sous ses ordres; ibid. p. 100.

4) V. 3e Rapp. p. 71 le cartulaire d'Hohannavank, par le diacre Zakaria.

18

A quelque distance, à l'E. est Pech-Kilisa, ou les « cinq églises, » grand couvent construit sur une montagne isolée et absolument imprenable. La cathédrale est tout au faît et possède un chemin couvert, pour s'enfuir dans la montagne, qui n'offre d'issue d'aucun côté. Il y avait ici de grands édifices, bâtis avec les matériaux d'Ani. On rencontre de tous côtés des ruines sans nombre, couvertes d'inscriptions et de mémentos, qui ont été lus et mis en ordre par les prêtres ci-dessus mentionnés; § 110. [1])

§ XIII. Dispersion des habitants d'Ani.

130. Après qu'Ani et le roi Gagic eurent été livrés aux Grecs, les habitants commencèrent à émigrer d'Arménie et à se disperser dans les contrées lointaines, pour ne pas assister à la décadence de leur belle capitale. En 1060, quand la ville fut passée aux mains des étrangers, quantité de citoyens et de gens du voisinage s'entendirent pour aller en Pologne et en Moldavie; puis en 1064, lorsque la ville fut prise et saccagée par les Persans, une grande partie de la population suivit les traces de ceux qui s'étaient rendus en Moldavie et delà en Pologne; enfin au temps de la 6e occupation, en 1239, les principaux parmi ceux qui restaient passèrent dans la Tartarie et se fixèrent aux environs d'Astrakhan et d'Akh-Séraï; d'autres se dispersèrent à Sis, à Djoulpha, à Van et ailleurs.

131. Ceux qui étaient allés à Akh-Séraï eurent beaucoup à souffrir de la part des Thathars, qui les vexaient sans relâche et les chassaient; ayant donc appris que les Génois étaient maîtres de Cafa, ils envoyèrent un exprès au commandant, qui leur permit de venir en Crimée et de demeurer dans la ville, comme le raconte un ancien mémento d'Haïsmavourk, en ces termes: « Ceux qui étaient allés à Akh-Séraï y demeurèrent, non longtemps toutefois, par la permission du khan. C'était en 748—1299. En effet, étant maltraités par les Thathars, ils envoyèrent un messager au commandant génois de Crimée, résidant au château franc de Théodosie; après arrangement avec ce personnage, princes, nobles et petit-peuple sortirent d'Akh-Séraï; tous armés et livrant combat aux Thathars, ils se firent jour et arrivèrent en Crimée, où ils demeurèrent à Théodosie. » [2])

132. Lors de la dernière catastrophe d'Ani, une partie de la population se rendit dans le Vaspouracan, delà en Perse et à Astrakhan; d'autres, tout droit en Chaldée, à Hamchen [3]) et à Trébisonde, dont l'empereur Alexis leur assigna un lieu de résidence, des églises et des couvents; v. Hist. du Pont par le même P. Minas, § 127, 144. Déjà précédemment beaucoup d'Arméniens y demeuraient et, vu leur nombre, avaient leur propre évêque. En 1342 Stéfannos, évêque de Trébisonde, se rendit au concile de Sis. Pour ceux

---

1) Sur le couvent de Pech-Kilisa, v. Sargis Dchalal, t. II, p. 18 ; les inscriptions publiées là sont des années 1033 (celle où est nommé Sargis Vest), et 1239, au temps de la domination des Mkhargrdzels.

Ici notre auteur donne aussi le texte de 28 inscriptions, dont la traduction a été publiée sous le nom de Klaproth, dans le t. I de ses Mém. relat. à l'Asie, p. 272—293, qui n'ont aucun rapport direct à Ani.

2) V. le § 502 de l'ouvrage du P. Minas, où l'histoire de cette migration est racontée dans tous ses détails.

3) Ou Hamamachen, village avec citadelle, dans le mont Parkhar, non loin d'Athina et d'Eski-Trapizon ; Minas, Hist. du Pont, § 144.

e Hamchen, les uns, réduits à une extrême indigence, passèrent auprès des anciens émigrés d'Ani, à Trébisonde, et se dispersèrent dans les villages; les autres, à Sourméné et
Khourchounli; le reste se fit musulman. Nous avons vu dans le Pont divers édifices construits par ceux d'Ani, lorsque en 1817 nous parcourions et visitions cette contrée avec
e titre de vicaire et une commission apostolique, par ordre suprême du Saint-Synode.

133. Or la plus grande partie de ceux d'Ani se concentra en Pologne; car les émigrés arrivaient incessamment par mer en Moldavie et sur le Danube, et delà se portaient
en Gallicie, en Podolie et dans les autres provinces de cette contrée. Ils y trouvaient,
outre la tranquillité, une terre fertile comme l'Arménie et des moeurs non étrangères aux
leurs. Nous avons rencontré là des gens hospitaliers, au coeur chaud et d'une bonne moralité.

134. En 1060 le grand-duc Dimitri, de la Russie-Rouge, possédait la Gallicie en
toute indépendance. Son fils Théodore, informé de la bravoure déployée par les Arméniens
contre les Grecs et les Persans, voulut les avoir comme auxiliaires et les fit amener dans
son pays, afin de se faire aider d'eux dans ses guerres contre le roi de Pologne. En 1062
il les invita par un rescrit à venir lui prêter assistance, sous promesse de beaucoup de
priviléges. Telles sont les paroles du rescrit, traduit alors du russe en arménien:

« Voilà ce que dit le grand-duc Théodore Dimitriévitch, aux Arméniens de Nacho-
khatch qui veulent se rendre ici. Qu'ils viennent me prêter assistance; je vous donnerai
franchise pour trois ans, et, quand vous serez chez moi, chacun de vous habitera librement
où il voudra. En 1062. » [1])

135. Ceci fut confirmé par Vladislas IV, roi de Pologne, dans un long rescrit donné
aux Arméniens de Lvof, en 1641; d'où il résulte que les Arméniens étaient entrés en Pologne déjà en 1062, sur l'invitation du grand-duc Dimitri, et s'étaient fixés à Kief, résidence du grand-duc [2]). Il s'y trouve encore une église arménienne, en pierres, mais pas
un seul Arménien. Plus tard, à mesure que l'Arménie et la province de Chirac souffraient
davantage, l'émigration arménienne en Pologne devint plus considérable et se monta, suivant l'historien de Dchahouc [3]), à 40,000 familles. Une tradition, qu'on nous a redite, raconte que ceux d'Ani devinrent si puissants, que les Polonais effrayés en firent périr per-
fidement un bon nombre dans les batailles, de peur qu'il ne leur prît fantaisie de s'emparer
de leurs villes.

136. Les premiers venus d'Ani allèrent à la guerre avec le grand-duc Dimitri, et
méritèrent d'être loués de lui pour leur bravoure dans les combats. Ils ne revinrent plus
en Arménie; plusieurs restèrent armés, obtinrent la noblesse par leurs exploits et jouirent
de grandes propriétés, occupées aujourd'hui par leurs descendants. C'est surtout dans la
grande Lithuanie, aujourdhui polonaise, qu'ils conservent leurs noms de famille, tels que

---

1) V. la note A, à la fin de cette Histoire.
2) § 214, les Arméniens, invités en 1062 par Théodore, s'établirent à Kaménets, en Podolie.
3) Ainsi que je l'ai dit précédemment, je n'ai point réussi à me procurer l'ouvrage de cet auteur, et ne le
connais que par les citations du P. Minas.

Grigorovitch, Malkhazofski, Nouridjan et autres. Un Malkhazofski se distingua tellement qu'il devint le second en Pologne après le roi.

137. Toutefois le plus grand nombre se livrèrent au commerce, suivant l'impulsion de leur nature, et firent fleurir des villes entières par leur négoce. Partout ils développèrent la prospérité et furent souvent honorés de lettres de grâce royales, ainsi qu'on l'a vu. Par-là ils devinrent plus puissants et accaparèrent tout le commerce de la Pologne. Leur opulence s'accrut au point que Vladislas [1]) ayant désiré emprunter 100,000 florins à Bernardovitch, commerçant arménien, celui-ci lui demanda en quelle monnaie, d'or, d'argent ou de cuivre? Le roi, pour l'éprouver, demanda des trois métaux, qui lui furent expédiés incontinent, ce dont il fut tellement frappé, qu'il tint dès-lors notre péuple en grande considération, à cause du profit qu'il procurait au royaume,

Ceux de Lvof, comme ceux de Trébisonde, possédaient, au dire des vieillards, un livre de chronologie, écrit à Ani. Un vieillard de Stanislav m'a raconté que la maison Thodorovitch avait une lettre écrite à Ani, qui fut prise par son gendre Dzatourovitch, et que j'ai cherchée dans plusieurs villes de la Pologne, sans pouvoir la trouver.

138. En 1183 ceux d'Ani répandus en Pologne construisirent différentes églises, à Lvof, en Lithuanie, à Kaménets, à Loutsk et autres lieux. Ils reçurent par rescrits plusieurs franchises et prérogatives, établirent un tribunal et se nommèrent un chef, sous le titre de Voïth, ainsi que 12 juges chargés de décider au souverain entre Arméniens, et 40 frères administrateurs. Telles étaient leurs franchises dans toutes les villes, ainsi que nous le raconterons. [2])

Cette organisation fut confirmée à Kaménets, en 1344, à Lvof en 1356, par un rescrit du roi Casimir, ainsi que nous l'avons vu, on y faisait usage des lois du roi Bagratide Hohannès, qui furent plus tard traduites en latin et subsistent jusqu'à ce jour.

139. Ainsi les émigrés d'Ani furent très puissants et considérés; le gouvernement polonais leur témoignait beaucoup d'égards et les traitait comme nobles de premier rang. Par suite, les Arméniens restés dans la Tartarie, se trouvant pressurés par les Tartares, se formèrent en une masse et marchèrent vers la Pologne. Ils résidèrent d'abord dans la vaste plaine encore nommée Orméani [3]). Cette transmigration s'accomplit après l'an 1500, comme en font foi leurs papiers, écrits en une langue fort altérée, devenue tatare. Comme donc cette multitude compacte ne savait pas d'autre langue, les Arméniens de Pologne, suivant leur exemple, se mirent à parler et à écrire en tatar, idiome devenu celui des émigrés d'Ani. On en fit usage et dans tous les papiers des tribunaux, et à l'église, car c'est le propre de notre nation, de dédaigner le sien et de préférer l'étranger. Ils devraient, au contraire, imiter l'administration, la sagesse, le patriotisme, la piété des autres peuples, et non leurs langues et usages.

---

1) Ce prince régnait en Pologne en 1408.

2) Les §§ 162—193 de l'ouvrage du P. Minas sont en effet consacrés à l'organisation des Arméniens de Lvof.

3) Il y a aussi à Lvof la rue dite Orméantski oulitsa; § 164.

140. Nous avons trouvé des livres de mémoires judiciaires, écrits en lettres rondes, commençant au 22 février 912 — 1453, et se continuant en arménien jusqu'au 12 mars 970 — 1521, après quoi ils se poursuivent en tatar jusqu'en 1013 — 1564. A Kaménets, les recueils d'actes judiciaires et de conciliation se tenaient autrefois en tatar (§ 247); à Lvof les mémoires commencent en tatar, en 1642, puis en un mélange de latin et de polonais.

142. Par suite de ces altérations successives, la langue des gens d'Ani a fait généralement place au polonais, et très peu comprennent leur idiome national. Le clergé lit, il est vrai, en arménien, mais il accomplit la liturgie sans comprendre le sens des paroles. [1]

144. Tel était, il y a deux ou trois siècles, le sort des émigrés d'Ani; quoique ayant changé de langage, ils vivaient dans l'opulence, et avaient diverses lettres de grâce au sujet du commerce, qu'ils ont fait fleurir dans toutes les villes de Pologne, comme on le verra en son lieu. Avec le temps plusieurs des restants du peuple d'Ani se sont rendus successivement, de Perse et d'autres lieux, en Pologne, où, habitant avec des compatriotes, ils se sont mis à parler arménien; jusqu'à ce jour ils ont conservé leur langue en différents lieux, comme à Stanislav, à Disminets, à Snéiadin, à Gouder, à Horodenko, à Soutchof, à Mohilof et ailleurs. [2]

145. De même aussi ceux de Karla ou Arménopol (Haïkaghak), de Pachpalof ou Elisabethpol, de Djordjof [3]), parlent purement l'arménien; ils ont en pleine Hongrie leurs tribunaux et juges spéciaux, par lettres octroyées, où ils sont réputés avant toutes les nations, comme princes par succession non interrompue et comme marchands. Leur prononciation et la forme de leur langage ne diffèrent pas essentiellement d'avec ceux des Trébisondins, restes de leur communauté (§ 324); mais l'émission des sons et le langage usités en Hongrie sont pénibles à entendre.

146. Presque dans toutes les villes de Pologne il se trouve des conseillers royaux tirés des émigrés d'Ani, ainsi que des ecclésiastiques de grand nom et considération, dont la plupart ont pris les habitudes polonaises. Sans le siége épiscopal arménien de Lvof, ces émigrés se seraient complètement transformés; car là où se trouve un chef arménien, les usages et traditions arméniennes se conservent, et les prêtres polonais ne sont pas en état de diriger le troupeau arménien.

147. L'archevêché arménien de Lvof, fondé en 1364 (§ 176), était autrefois très étendu et s'avançait jusqu'à la Hongrie, à la Moldavie et à la Tartarie, comme le prouve une bulle sur parchemin, de l'archevêque Hovhan. Maintenant il se borne aux ouailles de la Pologne dépendant de l'Allemagne, et se divise en 16 districts, dont tous les chefs sont nommés à Lvof, par l'archevêque, et gouvernent leur pays sous sa direction.

---

1) L'auteur cite ici plusieurs actes en caractères arméniens, mais en langue tatare.

2) V. § 200—204, 249, 319 de l'Histoire d'Ani, du P. Minas.

3) V. § 324—345. Ces localités sont en Hongrie.

148. Lorsqu'en 1606 Chah-Abas, roi de Perse, emmena dans ses états la population de l'Arménie, des masses d'Arméniens s'enfuirent en Tartarie et en Pologne, et se renforcèrent des anciens émigrés. Ils construisirent de belles églises et de remarquables édifices, comme on le verra plus bas.

Mais comme dans le principe la mésintelligence les avait privés de leur douce patrie, ils eurent beau se multiplier dans les pays étrangers et chez les nations lointaines, ils ne surent pourtant jouir paisiblement des franchises qu'ils tenaient des rois de Pologne.

Ainsi, en 1795, lors de la chute de ce royaume, ceux d'Ani perdirent partout leurs franchises, tombèrent en décadence et s'appauvrirent notablement. C'est ce qu'exprime avec douleur l'historien Arakial: «Opprimés, exilés au loin dans une terre étrangère, chez un peuple d'autre origine et d'autre langage, ils s'y éteignent jour par jour, peu-à-peu, par la mort et l'anéantissement.» .

Note A pour la p. 139, communiquée par M. Kunik.

Wiadomość o Ormianach w Polszcze. Lwów 1842. (Notice sur les Arméniens en Pologne. Lemberg 1842), 85 p. in-8°. La Préface est signée: X. Z. = X. Zachariasiéwicz.

La principauté de Gallicie faisait partie autrefois du grand-duché de Kief. Après la mort du dernier prince Геоприй, de la maison de Rourik, qui eut lieu environ en 1337, la Gallicie fut séparée de la Russie et enfin unie à la Pologne par le roi Casimir-le-Grand.

Voici ce que M. Zachariasiéwicz dit (p. 9 et 10):

L'époque la plus ancienne de l'arrivée des Arméniens doit être celle indiquée par le document renfermant le privilége donné par Téodor Dmytrowicz, à ce qu'ils disent, en 1062. J'ai vu l'original, en langue russe, avec une copie de la traduction latine. C'est plutôt un lambeau de papier qu'un document, et il ne se compose que de quelques lignes. L'original n'avait ni date ni signature, mais dans la traduction était indiquée l'année 1062. A l'original était attaché un morceau de cire, devenue dure, mais on n'y pouvait reconnaître aucune marque.

Ce privilége s'est quelque part perdu après la mort de l'archevêque Szymonowicz et était conçu, autant que je m'en souviens, en ces termes: «Oto Kniazia Teodora Dmytrowicza Kosochackim Armenom: «Prejdili na moju ruku, dam wam wilnost na try lita;» je ne me souviens plus des autres mots. La traduction latine se rencontre en différents lieux. «Ecce magni ducis Theodori Dmytrowicz Cosachensibus Armenis: qui huc volunt venire, venite in auxilium meum, et ego dabo vobis libertatem ad tres annos, et cum fueritis apud me, ubi quis voluerit, ibit libere.» [1])

---

1) Le morceau de parchemin sur lequel ce privilége était écrit était plié de telle sorte que dans le pli les lettres étaient effacées. Le prêtre Garbaczewski croyait que la lettre effacée dans le pli était un N et lisait en

Le jésuite Krusiński[1]) cite ce privilége, tout en appellant le prince Téodor Zub Dymytrowicz, et les Arméniens *Choschasenses*. Le prêtre Zohrab Antonianin, dans son ouvrage publié à Venise, nomme aussi ce prince Zub, et les Arméniens *Nosochacenses*.

Iziaslaf, un des fils de Iaroslaf Vladimirovitch, monta en 1054 sur le trône de Kief et fut vaincu en 1067 par les Polovtses. Ne voulant pas continuer la guerre, il fut chassé par les habitants de Kief. En 1068 il revint de Pologne, aidé par le roi Boleslav II. Après cela: «Изяславъ» прогна Всеслава изъ Полотьска, посади сына своего Мьстислава Полотскѣ; онъ же вскорѣ умрѣ ту, и посади въ него мѣсто брата его Святополка.

En 1060 Iziaslaf marcha avec ses frères contre les Turks (Торкы). En 1073 Iziaslaf fut obligé de s'en-aller pour la seconde fois. Il envoya un de ses fils chez le pape Grégoire VII, qui lui adressa une lettre dont voici le commencement et la fin:

«Gregorius episcopus, servus servorum Dei, Demetrio regi Ruscorum.... Data Romae, quintodecimo kalendas maii, indictione tertia-decima (1075).»

C'est par cette lettre que nous apprenons que le grand-duc Iziaslaf portait le nom chrétien ou ecclésiastique de Démétrius.

Son troisième fils, Iaropolk, est nommé pour la première fois par Nestor en 1071.

On doit supposer que ses fils avaient également des noms mondains et ecclésiastiques, bien que Nestor ne mentionne que les premiers.

Si la date du document en question était exacte, ce qui ne peut pas être démontré, faute de sources, on pourrait supposer que Téodor, comme prince apanagé, appela les Arméniens pour combattre avec leur aide les Polovtses turks. Voici un passage de la chronique de Nestor: «Въ лѣто 6569 (1061, 62) придоша Половци первое на Руськую землю воевать. Всеволодъ же (prince de Péréiaslaf du sud) изиде, противу имъ, мѣсяца Феврала въ 2 день; и бившимъся имъ, побѣдиша Всеволода, и воевавше отъидоша.» Le 2 février de l'année 6569 = 2 févr. de l'année 1062 de l'ère chrétienne.

---

conséquence: «Nosochaczkim Armenom,» tout en interprétant ce nom «que les Arméniens apportèrent des croix,» et que la croix se nommant en arménien Chacz, c'est à cause de cela qu'ils furent nommés *Nosochaczy*.» Probablement aussi le prêtre Zohrab Antonianin, à Venise, voulait exprimer la même chose, en disant que les Arméniens dans ce pays-là furent nommés Chaczy.

Michałski, «provincial» de l'ordre des Pères de St. Basile, démontra, en s'appuyant sur les règles de la grammaire slavonne, que dans cet endroit-là il ne pouvait pas être écrit la lettre Nun ou Kaph; il lisait la préposition *ko*, à, et ainsi Kosochackim ad *Sochaczenses*.

M. Tadeusz Czacki se procura, par l'entremise de l'archevêque Szymonowicz, un fac-similé de ce document. «J'ai appris, dit M. Zachariasiéwicz, que Czacki vit, pendant son séjour à Lemberg, l'original, mais il ne le reconnut pas pour authentique.»

1) Prodromus ad tragicam vertentis belli persici historiam, seu relatio turcico-persicae legationis, et ex turcico latine facta, opera P. Judae Thaddaei Krusinski; secunda impressio, Leopoli, 1740.

Il est permis de remarquer ici, sans toutefois en tirer aucune conclusion, qu'il existe au S. de Varsovie, sur la Bzoura, une petite ville, dite Sochatchef.

Additions.

—

I.

Pendant l'impression de ce travail j'ai reçu du P. Barnaba d'Isaïa, bibliothécaire du couvent de S. - Lazare, à Venise, l'obligeante communication de plusieurs renseignements et de matériaux que je me fais un devoir de consigner ici.

1° Le religieux mékhithariste qui a visité les ruines d'Ani en 1846, 7, se nomme Nersès Sarkisian, et non *Nersésian*, comme je l'ai imprimé par mégarde, p. 5, tandis que dans le 3° Rapp. sur mon voyage, p. 121, on trouve son véritable nom de famille.

2° Dans l'inscription près de la porte d'Erivan, p. 11, n. 4, j'ai discuté l'orthographe d'un mot arménien, que le P. Nersès assure devoir être lu *արջապավաջառ* «impôt sur les bestiaux,» prélevé autrefois par les princes d'Arménie, au profit des églises : cette orthographe me paraît aussi bonne que celle que j'ai proposée.

3° Le mot *բաապուն quarantaine*, m'a souvent embarrassé dans l'explication des inscriptions. Le P. Barnaba m'apprend «qu'en Arménie tout fidèle se rendant en pélerinage à un couvent offrait en présent au prêtre quelques pièces de monnaie ou piastres et lui disait : memento mei, à la sainte messe. Ce don s'appelait *quarantaine*. Nous ignorons exactement la cause de cette dénomination; mais il paraît qu'on avait eu d'abord l'habitude de donner aux prêtres quarante piastres pour des messes, et en mourant on ordonnait de célébrer autant de messes avec cette somme, pour le soulagement du défunt.»

Or, dans les nombreuses inscriptions publiées par le P. Sargis Dchalaliants, j'ai noté toutes les sommes d'argent offertes aux églises d'Arménie pour des messes, mais je n'ai jamais rencontré le chiffre normal de quarante; ce qui ne détruit pas l'exactitude du renseignement, mais du moins ne le confirme pas.

4° A la p. 18 de ma Description d'Ani, j'ai donné la traduction d'une inscription connue par le seul texte du P. Sargis Dchalaliants, t. II, p. 14, de son Voyage dans la Grande-Arménie, où se trouve le titre singulier de *Padichah-Edats*. Le P. Nersès a copié cette inscription sur la porte du milieu de la grande muraille d'Ani. La voici, telle que le P. Barnaba me la communique.

... Il manque le commencement. Գիթութէ մարդասիրին և անձաց բանին Ա՞մ և վն երկար կենդանութէ արքայից արքային աճադիր փառշահին և աճիմաստ իշխանաց իշխանին աշխարաշէն և ի թէրուէ Վրաց աշխարհիս որ եղև (ի) մայրաքաղաք Անի խաոինջու, Օ և ի տէրուէ քաղաքիս աճատէր պատրոնացն Գրիգոր աղին և Յովհաննէս (աղին), և յեպիսկոպոսուէ տէր Յովհաննիսի որդմածն Ա՞ճ հայեցաւ ի դճուարութէ քաղաքիս և խորհուրդ բարի ծագեց ի սիրտն պատրոնացն Գիէ և Յով, որ գքաղաքս մէր նորոգէլ շինեցին և դառ հարկապահանչութէ եբարձին զմ.... և զթաղառ, գհեծել,

ղափչուն, զախորթամարն և զղռնագիրն ՛ի բաժ, ( ) ՛ի թաղմն և ՛ի Մուսանիա [1]), գար֊
ուցին հաբկն որ յեստ ՛ի չարաց գրածէր, զկապայն յեղիսկոպոսէն բարձին և յատա֊
՛ին սահմ.... · il manque ainsi la fin de l'inscription.

— On voit que le mot *Edats*, si embarrassant à expliquer, manque totalement à cette
copie; que j'y ai ajouté deux mots entre parenthèses, et qu'à la fin le P. Nersès donne
plusieurs impôts omis par le P. Sargis, outre une ligne à la fin, qui indique des restitu-
tions faites à l'évêque d'Ani, par Grigor et Hovhannès agha. Il me paraît, du reste, inutile
de donner une nouvelle traduction, qui ne ferait point disparaître toutes les obscurités
de ce texte.

5° Le P. Barnaba me fait savoir que les deux inscriptions de l'église Grecque, p. 13
de ma Description, n'en forment qu'une seule. — Comme M. Kästner les a copiées sur
des feuilles à-part, il semble que, sur le mur méridional, elles soient en effet séparées par
quelque obstacle architectonique, car les 25 lignes dont elles se composent sont réellement trop longues pour avoir pu tenir dans le même compartiment de la façade. En outre,
la copie de M. Kästner est incomplète dans toutes les fins de lignes de la partie de gauche.
Le P. Nersès a pu la lire et la copier en entier, sauf quelques mots douteux, qu'il a transcrits en lettres capitales: je vais la donner, avec ses indications, suivies d'un ?

✠

ԹՎ․ ՈԿԴ

1. Ողորմութիւն Ա̅Յ̅ յորժամ տիրեաց (?) քաղաքիս (?) Ա̅ն ֊ ... [2]) և տիեզերականալ
   ամիր սպատալար և Մանդատ֊

2. ուրթուխուցէս Ո̅ աբարիայ և որդի նորա Հ̅ահանշահ̅ես Տիգրան ծառայ Ա̅Յ̅
   որդի Ամրատաւրէնց Ո̅ուլեւՄա

3. յաղգէն Հ̅նէնց վա երկաբ կենդանութէ տանց իմոց և որդո նոցայ շինեցի գվանքս
   մէ Կրիգորոյ որ ՛ի Հին Մատ֊

4. ռան (?) Ա̅ժամծենին կոչիւր որ էր Քարատն (?) և ( ) Մացատ տեղի աւէտ [3]) զոր իմ
   հալալ գանձով գնեցի ՛ի Հէրենենտիրաց և բազում աշխատութէ

5. և գանձով պարապեցի շուրջանակի շինեցի գեկեղեցիս յանուն սրոյն Կրիգորի և
   զարգարեցի բա֊

6. զում զարդիւք վրկաննշանաւք մէ խաչիւ ոսկիք և արծաթիք և պատկերագործ
   խատերով զարղարեալ ոսկով և արծաթով

7. և ակամբք և մարգարտաւ և կանթեղաւք ոսկի և արծաթի և ՛ճխարաւք սրոյ
   առաքէլոց Մարտիւրոսայ և Մասամբք Ա̅ծընկալ և տերու֊

8. նական խաչին և թ̅̅ զեղ սպատ յոսո և արծաթոյ և բազում զարգաւք շինեցի
   զ̅̅̅Մ զեղ զբնակարան վանականաց և ՛իշխանաց և կարգե֊

---

1) Les quatre dernières lettres de ce mot sont douteuses, et suppléées par le copiste, ainsi que les premières du mot suivant, qui sont indiquées comme dégradées.

2) Ici le P. Nersès propose ֊ուիր, qui ne donne pas de sens.

3) Mot inintelligible.

19

9. զի ՛ի սմա քահանայք պատարագողք մարմնոյ եւ արեանն ՛քի որ անխափան պատ
   րաղ մտոսչի վ՛ն արեւշատութէ տանց իմոց Հ՝ ահնշահի եւ որդոց

10. իւրոց եւ վ՛ն Թողութէ մեղաց իմոց եւ եւռու ընձայս ՛ի վանքս սՒ Գրիգորոյ Հայր
    նիք զոր զնել էի զանձով եւ վՃռամք Հայրենետիրաց եւ զոր

11. եւ ՛ի Հինմէ շինել էի զայստիկ Գաւոռխնեց գեղն կէան քարկտին է դանկն մ՛շ
    կունեաց կէան Դապղոյն կէան ցամաք ծոյն բոլոր Խու

12. զած Մահճունդ ՛ի Կարուց յերկիրն ու Ընդդ (?) ՛է դանկն Խաշորկանն եւ փն
    դուկն ՛ի քաղաքիս Հայրենիք Րաղնիան ու Մինն ՛ի մոդանի

13. Սխանապարն կուդպակնով ու կամարակապ փնդուկն ու մարաձն Հետ Րաղնեց
    տէր Սարգսի ախորն ու մարաձն զոր զնեցի կալն եւ է ակն ձի

14. Թահճանքն եւ ախորն ու մարաձն վանիցս եւ դրանս վանիցս արջեւ պահեցն ու
    լանջն ինչուրվի Գլիձորի դուռն ինչվի գեռն ու գետտեգե

15. րն պահեցն զոր զնել էի եւ շինել Գիմադուռն կէս ակն Ձադաց Թարի մի բոլոր
    ու մին այլ Թարիին շաք է աւր Գլիձորին Թարիին շաք

16. է ՛ի Րէշկենակապէն ինչուրվի կարմունձն դեռին կէան իմ զնած է պատկէնց խաս
    նապարն ՛ի դանկնու դուռ կուդպակն բոլոր

17. տնէր Հատէյոնց դուկակի քաղաքիս դղանապագուն կոշէր զնած այգի ՟ Ա զրկեան
    այգի ՟ Ա Ջշական այգի ՟ Կոշ եգի ՟ Ա Մըր

18. ու՟ Ճ որ Սազդան կոշի այգի ՟ ՛ի Մրէնէ այգի ՟ ՛ի ժմանին որ կաթողէ Հող կոշի
    զայս որ բնածՃ եւ այլ բազում գրաւկնածէր զ

19. ՛ր ոչ արձանագրեցի վանացս էի տվել ու Թէ Թերքն Թափէն սակին վանացս զոր
    ուրիշ իմ անդարձագրին եմ գրել եւ գվանքն Րեխէնց

20. կոշեցել զոր եւս շինեցյն եւ նորոգեցյն ընձայուք փարթամացուցի ամէնով սՒ Գրի
    գորոյ վանացս Հոգայոցս

21. Հոգայ գործխսութէ արդ եթէ ոք ՛ի մեծաց կամ փոքունց յիմոց կամ յաւտարաց
    զոր ինչ յարձանագրիս է խափանել Ջանա

22. կամ Թէ երք շորթէ յարդբանցս որ ՛ի սմա Հաստատէլ է կամ զեշատոսկ զմեղու
    ցել ծռուայիս Մ՛ յ խափանէ զինչ եւ իցէ ալ

23. ատձառաւք այնպիսին որոշէլ լինի փառացն Մ՛ յ եւ զպատիժս Կայենի եւ
    զՅուդայի ժառանգեսցէ ՛ի գլուխ

24. իւր եւ յերեք սՒ ժողովոյն [1] եւ Թ դատոց Հրեշտակաց եղուէալ լինիցի եւ մեր մե
    դայն Համարս տացեն առաջի Մ՛ յ եւ

25. կամ՛րարքն եւ Հաստատուն պահողքն աւրՀնեն Մ՛ յ ✝ Խ՛ Դ՛

Ce texte se divise naturellement en deux parties: l'introduction ou protocole historique, jusqu'à la ligne 10e inclusivement, ainsi que la conclusion, depuis le milieu de la
ligne 21e qui n'offrent presque aucune difficulté pour l'intelligence, et où la langue arménienne se montre généralement dans toute sa pureté; l'autre partie, entre les lignes 11 et
21, ou l'énumération des propriétés territoriales données à l'église, contient une foule de
noms de localités complètement inconnues, qu'il est impossible de contrôler; des formules

---

1) Il est écrit Ժողղն.

insolites qui, probablement, ont fort embarrassé les copistes et doivent bien plus embarrasser le traducteur ; enfin des incorrections de langage, comme ու pour ե, les participes en ել, pour եալ, que le savant P. Nersès n'aura certainement pas admises dans sa copie sans de fortes raisons, enfin des mots comme ինչուրդի et autres, qui n'appartiennent pas au vrai langage arménien des livres.

Ces réserves faites, je traduis l'inscription :

« ✠ En 664 — 1215. Par la miséricorde de Dieu, lorsque notre ville d'Ani était au pouvoir du .. et puissant généralissime et chef des adjudants Zakaria et de son fils Chahanchah, moi Tigran, fils de Soulem des Sembatorents, de la famille des Hosents, j'ai, pour la longévité de ma maison et du fils de Zakaria, bâti ce couvent de Sourb - Grigor, autrefois nommé «Notre - Dame de la Chapelle,» dans un lieu couvert de rochers et de halliers. L'ayant acheté aux propriétaires, de mes deniers légitimes ; je l'ai, à mes frais et avec de grands travaux, environné d'une enceinte ; j'y ai construit cette église de Sourb-Grigor, l'ai enrichie d'ornements, de saintes croix, signes du salut, en or et en argent, d'images peintes, montées en métaux précieux, en pierreries et en perles, de flambeaux en or et en argent, de reliques des saints apôtres et martyrs, de parcelles de la croix du Seigneur, qui a reçu un Dieu ; je l'ai fournie de toutes sortes d'ustensiles en or et en argent et de nombreux ornements ; j'y ai bâti de nombreuses habitations pour les religieux et y ai établi des prêtres offrant le sacrifice du corps et du sang du Christ, afin que ce sacrifice soit offert sans empêchement pour la longue prospérité des membres de ma famille, de Chahanchah et de son fils, et pour la rémission de mes péchés ; j'ai fait présent à ce mien monastère de Sourb-Grigor de domaines achetés des propriétaires, à mes dépens et par actes authentiques, que j'ai mis en état depuis la première pierre . . . . . »

Suit le détail des propriétés, villages, moulins, vignes, offertes au couvent par Tigran.

«Maintenant, si quelqu'un des grands ou des petits, des miens ou des étrangers, tente de mettre obstacle à ce qui est tracé dans cette inscription, dérobe quelque chose des sommes qui y sont constatées, ou annulle le souvenir de ce pécheur serviteur de Dieu, par quelque cause que ce soit, cet homme est exclus de la gloire du fils de Dieu ; il héritera en sa personne du châtiment de Caïn et de Judas, sera excommunié par les trois saints conciles et par les neuf ordres des anges, et rendra compte de mes péchés devant Dieu ; ceux qui s'y conformeront de coeur et d'effet sont bénis de Dieu. ✠ I . . . . gh l'écrivain. »

Il est impossible de ne pas remarquer d'abord que cette inscription parle de faits antérieurs à la mort de Zakaria Mkhargrdzel, que l'on sait avoir précédé celle de la reine Thamar ; car elle dit expressément que c'est au temps de Zakaria que fut fondé le monastère de Sourb-Grigor, pour la longévité de Zakaria et de Chahanchah, fils du généralissime géorgien. Ensuite le titre de «chef des adjudants,» *mandatourth ouhkoutzès*, est donné ici, pour la première fois, sous sa vraie forme géorgienne. En troisième lieu, l'édifice que M. Texier et M. Kästner nomment l'église Grecque, que M. Mouravief croit avoir été construit par Ivané, frère de Zakaria, mais dont M. Abich seul fait connaître le saint patron, en le nom-

*

mant «Eglise de la Ste-Vierge,» enfin celui que le P. Sargis qualifie seulement de «couvent au bord de l'Akhourian,» cet édifice se nommait autrefois, suivant notre inscription, «Notre-Dame de la Chapelle,» et prit le nom de Sourb-Grigor, lorsque Tigran, au commencement du XIIIe s., entreprit de le réparer et lui offrit tant de riches présents.

Ici surgit une grande difficulté chronologique, celle de savoir si le Tigran de l'an 1215 est le même que le «pieux Tigran» de l'inscription du P. Sargis, suprà, p. 15, qui fit venir de l'eau, en 1310, pour les besoins du monastère. Evidemment ce ne peut être un même personnage qui, à 95 ans de distance, ait fondé Sourb-Grigor et y ait amené une conduite d'eau, au temps de Chahanchah III. Il faut donc qu'il y ait quelque erreur dans les chiffres des dates.

Enfin on est frappé des noms, inconnus jusqu'ici en arménien, de Soulem, père de Tigran, des Sembatorents, qui serait celui de la famille de ce personnage, et de Hosents, dont cette famille paraît avoir été un rejeton. Si, comme on peut le présumer avec confiance, la copie du P. Nersès est exacte, car celle, toute imparfaite qu'elle est, de M. Kästner, n'offre rien qui la contredise, l'inscription de l'église de Sourb - Grigor est un monument de haut intérêt.

II.

Pl. XLIV. 3e inscription de Marmachen, v. p. 65, 66 du texte. L'importance historique de cette pièce m'a engagé à revenir sur ma décision primitive (p. 7), de ne pas la faire lithographier.

La copie de cette inscription reproduite par la lithographie est tirée de la première partie de l'Album de l'Académie, N. VII[a]. Bien qu'elle n'ait pas les apparences d'un fac-similé paléographique exact, et qu'il s'y trouve plusieurs imperfections, j'ai dû la préférer à celle ocupant les p. 5—10 de l'Album de M. Gille, qui est infiniment plus complète, et en lettlettres plus grosses, paraissant copiées d'après nature, mais qui ne se prête point à une reproduction. C'est cette dernière qui m'a fourni les parties de mots manquant, en plusieurs endroits, à notre copie, et que j'ai restituées. Au moyen de notre copie et de la transcription que je me suis résolu à en faire, en la complétant, on aura un texte épuré des intercalations de celui communiqué au P. Chahkhatounof, qui pourtant, j'en conviens, m'a beaucoup servi pour le déchiffrement. J'ai également profité de l'édition qui s'en trouve dans l'Histoire d'Ani, du P. Minas, p. 75, qui est plus conforme à l'original.

1. ✠ ՛ի ժամանակս բարերաշտիչ եւ ꞷծասիրաց պատրոնաց մերոց աթաբակի իւանէի եւ մանդատորթախուցէս Հ_ աՀնշաՀի, Հրամանաւ սոյին վեր~

2. բատին նորոգումն եղե. Հրաշափառ տաձարի Ա՛յ, մաւր լուսոյ, սꞵոյ կաթողիկէիս Ա՛արմաշինոյ ¹), ՛ի ձեռն որդւոյ Ա՛պուղամրի Մագխատրոսի ²) տր̄

NB. Ch. indiquera dans les notes la copie du P. Chahkhathounof, M. celle du P. Minas.

1) M. մարմարաշինայ. Ch. մարմարոնեայ շինուածով.ք.

2) Ch. ՛ի ձեռն ապուդամրի Մագխատրոսի.

3. Գրիգորոյ արհեպիսկոպոսի, եւ Հարագատ իմոյ Խարբին ¹), Թոռանց Վարհամա, իշխանաց իշխանին, զարմից եւ շառաւիղէ ²) սրբոյն Գր․

4. գորի, շինողի ՛ի Հիմանց մեծաւ տենչմամբ եւ յուսով զայ ³) վասն բազմագումարքաՀանայից, եւ բարգեւեալ արդիւնս յոլովս, գեղ․

5. ալբայս, ապետստանս, կուզպակս ⁴) եւ Չաղացանի, որ եւ ցուցանէ իւր արձանագիրն, միքստմիքէ, եւ փարթամացուցեալ ⁵) ամէն․

6. այն գոիւք առ ՛ի լնուլ եւ ատաւելուլ զգետս կարեորս գիւրեանց եւ գեկաց, եւ ⁶) ու Նէր ժամանակս ․․․․ ⁷) ոչ սակաւս, զի աւեր․

7. եալ էր յանօրինաց, եւ զվանքս գեղաթարեալ, եւ զկաթողիկէս բերդանման ամրա ցուցեալ ⁸), եւ կայր ՛ի խաւարի ապաւորութ․

8. եան, զրկեալ յամենայն գոյից, մինչեւ յաւուրս պատոիկ։ ✛ Դիակ ՛ի ՈՂ՟Ի Թուակա Նիս Հայոց քաշ եւ արբ զաւրականն ՔԷ սի․

9. բելի եզեայրն իմ Խարբին, իմով կամակցութէ խորՀուրդ բարբ ՛ի միտ արկեալ ապատել զաս ՛ի․․․ մուտ ⁹) եւ զագբր մԹնաղգ․

10. ածութենէս Հաստուցանել նախիկ ¹⁰) փառաւորութէ, եւ Հանեալ արտաքս զշինականս եւ եղև բնակարան ¹¹) սրբոց քաՀանայից եւ

11. կրաւնաւորաց Համբյացելոց Ս։Ժ։ ¹²) Օ՟արդարեցաք զսա սպատիւք պայծառազգատիւք եւ սրբութէք ոսկեղէն եւ արծաթեղէն եւ

12. Հին եւ Նոր կտակարանաւք եկեղեցականաւք, եւ ընձայեցաք ՛ի սմա Նուէր զմեր Հայ բենի ¹³) գեղ զՎՂզատա, ✛ եւ որ ՛ի վանիցս Հաղիս ¹⁴)

---

1) Ch. Հարագատի Մուխարբի.

2) M. շառաւիղաց. Ch. ՛ի զարմից շառաւիղէ.

3) Ch. omet ce mot, qui est mauvais grammaticalement, et le remplace par : եւ բազմագումար Նորա որք ստացուածով\ք այսինքն, dont il n'existe pas vestige dans les originaux, suivi de յոլով զեղ ․․․

4) M. կուզպականի եւ Չաղացանի. Ch. կուզպակս ՛ի քաղաքն Ս՟նի եւ Չաղացս ☧ որոց որձ ․․․․․․ Le mot Չաղացանի, qui se lit ici et l. 13, manque au dictionnaire, mais paraît être le même que Չաղաց, vulg. pour Ջրաղաց, un moulin.

5) Ch. ajoute զվանս.

6) Ch. այլ եւ ունէր սւրբն ժամանակս ոչ ․․․ M. ժամանակ իբրե ոչ ․․․

7) Trois lettres non déchiffrées sûrement : իբրե ?

8) Ch. ամրոց.

9) Mot incomplet, omis par Ch., lu par M. տրամութենէ, mais qui doit être différent, à-peu-près comme տղմուտ, boueux, car deux lettres seulement manquent.

10) Ch. յառաջին.

11) Ch. վանք.

12) Ch. aj. Հուսկ Հետոյ.

13) Ch. այրն եւ զաղ ․․․

14) Ce mot, resté inintelligible pour moi, se lit chez le P. M., mais il est omis par le P. Chakh. qui écrit ici եւ Նորինորդ վանիցս Չաղացս վերաշինեցաք, ուստի ․․․․․․ յայսկոյս գետոյն եւ յայնկոյս գետոյն Ս՟նի որ ․․․

13. վերաշինեցաք, և անուանի Տիրաշէն, և ՚ի այս կյս գետոյն Քաղաքանի որ կան ՚ի
    կարմրՋէն ՚ի վայր և վեր, զխտտ 1), զՀող և

14. զոր ինչ ՚ի սկզբանէ ունէին 2), և ՚ի քաղաքիս զմեր պապէն ՚ի Հայրենիք եկեղե-
    ցին զՃ Սաեփաննոս, որ(լոր ա)մենայն ժողովրդ-

15. եամբ, և երկու այդի ՚ի Մարմետի, որ ՚ի նախնեաց մերոց ՚ի մեզ էր Հասեալ, և
    միաւորեցաք զվերի վանքն մեծ վանիցս իւր ամենայն ստ-

16. ացուածաւք. և լիցի Հրամանաւ միոյ առաջնորդի. մինչ այս առ այսչափ կատա-
    րեցաւ, առժամայն գեղեցկագեղ եղբայրն եմ Խարիփ

17. մագխտորոսն գովեալ ամենայն լեզուաց մարտիրոսացաւ ՚ի պատերազմի անաւրինացյ
    և միայն Ճնացի ես Գրիգոր եղկելի, և զրկեալ ՚ի Նմանէ,

18. զմարմին նորա բերեալ, և Թաղեցաք առ դրան սրբոյ կաթողիկէիս, մերձ առ 3) Նշ-
    խարս Հաւուն մերոյ Վարհամ իշխանի, և փոխարէն Հատուցին 4) սպ-

19. ասաւորք սորա ընդ մերոյ արդեանցս, զոր արարաք, զկաթողիկէիս զաւադ խորանին 5)
    պատա(րագ)ն յանուն նաՀատակին Քի Խարիին կատարել յամենայն աւ-

20. ր ՚ի սկզբանէ տարոյն մինչև ցկատարումն տարւոյն, այսմ Հետող մինչ ՚ի ծագումն
    ՄՅ։ Որ ոք խափանէ կամ շորթէլ Քանաց ընչից եկ-

21. եղեցւոյս որոշեսցի ՚ի փառացն ՄՅ և զրկեսցի ՚ի մշտնջենական կենացն, կատարիչք
    գրելոյ 6) աւրՀնեսցին ՅՄՅ և ՚ի սրբոց նորա 7), յոգի և ՚ի մարմին 8)

1. ✠ «Au temps de nos fortunés et pieux princes, l'atabek Ivané et Chahanchah, chef
   des adjudants, et par leur ordre, a eu lieu la dernière

2. restauration de ce glorieux temple de Dieu, foyer de lumière, de notre cathédrale de
   Marmachen 9), par les soins des fils d'Apoughamr magistros, à savoir de Ter Grigor,

3. archevêque, et de mon frère germain Khariph, petits-fils du prince des princes Varham, rejetons et reflet de S.-Grégoire.

4. *Varham* l'avait construit avec grande ferveur et confiance, depuis le fondement, pour
   une légion de prêtres, et lui avait fait de riches donations,

5. en villages, en vignes, boutiques et moulins, comme le fait voir en détail son inscription 10); il l'avait enrichi

----

1) Ch. aj. զՋուրն.

2) Ch.՚ ունիմք.

3) Ch. առն մերոյ; du mot Հաւուն, reproduit par M., il ne reste que peu de traces des 3 premières
lettres. On remarquera que dans toute cette inscription le mot Vahram est écrit Varham, orthographe que je n'ai
point voulu changer, bien que inusitée.

4) Ch. Հատուցանէք.

5) Ch. խորան . . . . . նաՀատակիս վկայիս՝ . . . յամենայն յամի.

6) Ch. գրոյս.

7) Ch. Նորոգի.

8) M. Ch. ajoutent ամէն.

9) Et non *Marmarachen*.

10) Cette inscription est la première de Marmachen, analysée ci-dessus, p. 64, et traduite en entier dans mon
8ᵉ Rapp. p. 86.

6. de toute sorte d'objets propres à satisfaire , dans le présent et dans l'avenir , les né-
cessités des habitants et des hôtes, dont la jouissance se prolongea non peu de temps ;
après quoi *ce lieu*

7. fut ravagé par les infidèles, qui firent du monastère un village , et transformèrent la
cathédrale en forteresse, de sorte qu'elle resta dans l'obscurité et dans l'affliction,

8. privée de toutes ses richesses , jusqu'à cette époque. ✠ Mais en l'année arménienne
674—(1225), le brave et intrépide général du Christ, mon

9. frère chéri Khariph conçut, avec ma coopération , le saint projet de la purger d'im-
mondices, et, la retirant de son état humiliant

10. d'impureté, de la rétablir dans son ancienne splendeur. Il en fit sortir les paysans, et
en fit la demeure des saints prêtres et de

11. religieux agréables à Dieu. Nous l'avons ornée d'ustensiles et de vêtements splendides, de vases saints, en or et en argent,

12. d'Anciens et de Nouveaux-Testaments [1]) ecclésiastiques, et lui avons fait donation de
notre village patrimonial d'Azat ; ✠ nous avons restauré les ..... du couvent,

13. ainsi que le célèbre *village* de Tirachen et les moulins situés de ce côté de la rivière,
en bas et au-dessus du pont, les prairies et les terres,

14. et tout ce que le couvent possédait autrefois. Nous lui avons donné notre église pa-
trimoniale de Sourb-Stéphanos, en ville, provenant de notre aïeul, avec toute la communauté

15. et deux vignes, à Marmet, que nous avions reçues de nos ancêtres ; puis nous avons
réuni le couvent Supérieur et le Grand , avec toutes leurs propriétés,

16. afin qu'ils soient sous la main d'un seul supérieur. Pendant que tout cela s'exécutait,
mon charmant frère Khariph magistros, loué par toutes les langues,

17. fut martyrisé dans un combat contre les infidèles ; resté seul, moi le misérable Grigor,
et privé de lui,

18. je fis porter son corps à la porte de la sainte cathédrale, près des restes de notre
aïeul le prince Varham. Par reconnaissance de nos sacrifices,

19. les serviteurs du couvent décidèrent que dans la chapelle principale de la cathédrale
la messe serait célébrée chaque jour,

20. du commencement à la fin de l'année, dès à-présent et jusqu'à l'apparition du fils de
Dieu, au nom de Khariph, martyr du Christ. Si quelqu'un s'y oppose ou tente de di-
minuer les biens de

21. notre église, qu'il soit écarté de la gloire de Dieu et privé de la vie éternelle. Ceux
qui accomplissent ce qui est écrit ici soient bénis de Dieu et de ses saints, dans leur
âme et dans leur corps. »

---

1) Il me semble manquer ici les mots « et de livres. »

APPENDICE.

Description du couvent d'Aïrivank et notice sur Mkhithar Aïrivantsi, auteur arménien du XIII° s.[1]

Comme le présent mémoire est spécialement consacré aux monuments de l'Arménie, il me semble convenable d'y joindre la description d'un couvent célèbre et la notice sur un historien auquel il a donné son nom. Quoique l'ouvrage du vartabied Mkhithar Aïrivantsi n'ait rien de bien remarquable pour le fonds ni pour la forme, pour la pensée ni pour l'exécution, il n'en mérite pas moins quelques moments d'attention à ce double titre, que peu connu jusqu'à-présent dans la littérature arménienne, il renferme un bon nombre de détails intéressants pour les temps anciens. Que l'on se figure un homme, lecteur assidu d'ouvrages historiques, notant çà et là les faits qui l'ont frappé, avec leurs dates précises, puis groupant autour de ces faits d'autres détails du même genre, de façon seulement à s'en faire des synchronismes, sans date positive, il est vrai, mais se rattachant approximativement au fait fondamental ; généralement, surtout vers la fin de son recueil, Mkhithar procède par synchronismes de 10 années : tel est le plan peu compliqué suivi par notre auteur, celui dont on trouve l'analogue, en mieux toutefois et avec plus de précision, dans les Epoques de l'Histoire universelle de Bossuet.

L'Histoire chronologique, Պատմութի՛ ժամանակագրական du vartabied Mkhithar d'Aïrivank, est placée sous ce titre, tiré du manuscrit même, au N. 169 du Catalogue d'Etchmiadzin, imprimé en 1840, par ordre de l'Académie, **p.** 81, avec l'indication qu'elle appartient au XII° s., mais elle n'est mentionnée ni dans le Quadro della storia letter. di Armenia, ni dans aucun livre, que je sache, relatif à l'Arménie. Pourtant le P. Indjidj, dans son Arménie ancienne, en armén., p. 268, dit: «Le célèbre hymnographe Mkhithar était de ce couvent (Aïrivank): c'est pourquoi dans les titres et dans les sommaires des hymnes on lui donne quelquefois le nom d'Aïrivanétsi.» L'Académie ayant demandé communication du livre de Mkhithar, par l'entremise de S. E. M. le baron de Hahn, sénateur, les autorités du couvent d'Etchmiadzin mirent le plus grand empressement à le faire transcrire. La copie, collationnée, qui en a été faite, en 1841, par les soins de M. Th. Kharganof, procureur du Synode arméno-grégorien, forme 82 pages in-fo., d'une écriture cursive et fort lâche, par où l'on peut juger de ce que doit être un pareil abrégé d'histoire universelle, atteignant la fin du XIII° s. Encore faut-il retrancher plus de la moitié du total, pour les inutilités, telles qu'un tableau des degrés de parenté, et un autre, celui de la filiation des

---

[1] Cette notice a été lue à la Conférence le 2 février 1842; je l'ai refondue et considérablement augmentée.

idées, d'après Aristote, que le copiste avoue naïvement n'avoir pas compris... etc., ainsi que pour l'histoire des patriarches antédiluviens et pour celle du peuple de Dieu, où la curiosité européenne ne trouvera guère d'aliment. Il y aura cependant quelques parties vraiment curieuses.

Disons donc d'abord quelques mots du lieu où a vécu l'auteur, puis, après un aperçu général de son plan, entrons dans les détails.

Le monastère arménien d'Aïrivank est situé à 8 verstes au N. E. de l'ancienne ville de Garhni, dans une montagne volcanique, dont le pied est baigné par la rivière Garhni-Tchaï; il fut fondé, suivant les auteurs arméniens, par S. Grégoire-l'Illuminateur, au IVe s. de notre ère [1]). Il se compose d'édifices construits sur le sol et d'excavations souterraines, formant des églises, des cellules, des salles, dont M. Dubois de Montpéreux loue beaucoup la belle exécution. Les parois de tous ces édifices sont couvertes, au dire du voyageur, d'inscriptions qu'il suppose devoir renfermer un grand nombre de renseignements, utiles pour l'histoire et remontant à la plus haute antiquité; mais il n'en a relevé qu'une [2]), et le savant évêque Chahkhathounof n'y en ajoute que trois, dans sa description, que l'on va lire. Il serait curieux de savoir ce que contient, entre autres, une inscription signalée par M. Dubois, t. III de son Voyage, p. 399, comme la plus longue de celles qu'il ait vues en Arménie.

Monastère d'Aïrivank où de Sourb-Géghard, i. e. de la Caverne ou de la Sainte-Lance. [3])

§ 573. «Le monastère d'Aïrivank est au bas et au S.O. de la montagne de Gégham, à une heure et demie environ au N. E. du bourg de Garhni, à l'entrée de la vallée du même nom, environné à l'O. et au N. par de hautes montagnes, presque baigné à l'E. par une

---

1) Indjidj, Armén. anc. p. 268.

2) Dubois, Voyage autour du Caucase, t. III, p. 390—398, et Atlas, 1re série, Pl. 35, vue du monastère; IIIe série, Pl. 4, plan de l'ensemble des constructions et excavations; Pl. 10, intérieur de l'une des églises, dans le rocher; Pl. 11, détails de deux chapelles.

Outre ces matériaux, je suis redevable à M. Blavatski, chef du district d'Erivan en 1848, de trois feuilles de jolis dessins d'Aïrivank, tracés par M. le capitaine Tcherniavski et représentant 1° le plan et la coupe de la 3e des églises souterraines, décrites par le P. Chahkhathounof, semblable, au dire de M. Dubois, à celle en maçonnerie; 2° le bas-relief des lions; 3° les bases et chapiteaux de plusieurs colonnes, et d'autres curieuses sculptures de cette excavation. Je n'ai pas cru devoir reproduire ces détails, d'intérêt purement architectonique.

Au reste, il y a encore d'autres églises de ce genre dans la Transcaucasie, témoins celles d'Ouphlis-Tzikhé et de Vardzia, dont personne n'a malheureusement publié les dessins, et celle signalée à Ani, Pl. XXIV de notre Atlas. M. Dubois en mentionne plusieurs dans les rochers de la Crimée méridionale. M. H. Lavoix, dans un curieux article reproduit par la Revue étrangère, t. CXV, p. 417—425, signale les nombreux couvents et cryptes du Sannin, dans le Liban, où vivaient jadis plus de 3000 cénobites, et l'ermitage de Kanoubin, creusé dans le roc, par ordre de Théodose, quand les moines du lieu l'empêchèrent de ruiner Antioche, en punition de l'outrage fait aux statues de sa femme. Enfin, en Europe même, à une lieue de Fribourg, route de Berne, il existe un ermitage, composé d'une grande église et de beaucoup de cellules, creusées dans le roc, durant l'espace de 25 ans, par un solitaire, aidé de son serviteur.

3) Chahkhathouuof, Descr. d'Edchm. t. II, p. 282—291. Aïrivank est malheureusement une des localités que le savant religieux n'avait pas explorées par lui-même, et dont il donne la description d'après autrui.

petite rivière qui coule bruyammeut en se brisant sur de grosses pierres et sur des quartiers de rocs. Autrefois le catholicos Jean VI, pour échapper aux persécutions de l'ostican
Nasr [1]), se réfugia ici, mais n'ayant pu y trouver le repos, passa ensuite dans l'île de Sévan.
Lui-même décrit sa fuite de la manière suivante: «Etant donc sorti du couvent d'Aïrik
«les Cavernes,» résidence de S. Sahac, situé dans les replis du mont Gegh, au sein d'une
vallée, nous marchâmes directement et arrivâmes au couvent supérieur, où étaient les éta-
bles du bétail, d'où nous passâmes dans l'ermitage de l'île de Sévan, occupé par des religieux, vivant dans la solitude. » [2])

«Ce monastère est, au témoignage des historiens, l'un des plus anciens de l'Arménie,
et servit de résidence temporaire, comme il a été dit plus haut, au S. patriarche Sahac-le-
Parthe. Toutefois on n'y voit d'autre trace de constructions antiques, que les fondements
et quelques lambeaux épars du mur d'enceinte, les seuls débris qui aient une apparence
d'ancienneté. La forme de l'enceinte est un carré, un peu aigu du côté de l'O., près duquel se dresse un grand rocher, tourné vers la partie moyenne du monastère. La muraille
du N. est construite sur une roche haute et abrupte, les autres dans une situation plus
basse; des deux portes qui s'y trouvent, la grande est à l'O., près et au S. du roc isolé;
la petite, à l'E., débouche sur le ruisseau.

«La première église, où se fait ordinairement le service, est double et entièrement
construite en pierres de taille [3]): l'intérieur, sans piliers et de bonne hauteur, porte au
centre du toit une coupole pointue. Elle a deux sacristies, aux côtés du sanctuaire, avec
terrasses, où l'on parvient par un escalier partant de l'autel. A l'opposite de ces sacristies,
du côté de l'O., la porte occidentale de l'église est flanquée de deux petites chapelles [4]),
en forme de pilier [5]), couvertes d'un toit; c'est ici, à ce qu'il semble, que priaient les
princes et princesses de la race de Haïc. On y arrive par des degrés de pierre ménagés
dans le mur, comme cela se voit dans certains monastères, tels que l'église de Harhidjo-
vank [6]). Elle a aussi deux portes, à l'O. et au S.

«L'église extérieure ou vestibule [7]), attenant à la précédente et formant corps avec
elle, est de plus grandes proportions et repose sur quatre piliers monolithes, dont les en-
trecolonnements et les arcades qui en partent, et aboutissent plus haut, sont couverts d'une
belle sculpture uniforme, jusqu'au dôme sémi-circulaire, orné d'une grande fenêtre ronde.
Dans le porche, aux deux côtés de la porte de l'église intérieure, sont sculptés sur des

---

1) C'était le lieutenant, à Dovin, de l'ostican Iousouf, celui que Jean catholicos nomme Nesr, vulgairement
Sbouc; Hist. de Jean cath., éd. de Jérusalem, p. 241; dans la traduction de M. S.-Martin, p. 338 et *passim*, il est
nommé Serpoukh, et chez l'historien Asolic, l. III. ch. 6, Sepki: il était émir de Dovin dès l'an 916. B.
2) Ed. de Jér. p. 243. B.
3) C'est celle qui se voit sur la Pl. 35, 1re série de l'Atlas de Dubois, dans l'enceinte du couvent. B.
4) Le Plan de M. Dubois, IIIe sér. Pl. 10, n'en représente qu'une; celle du N.O. paraît avoir été obstruée. B.
5) I. e. de quadrangle haut.
6) Sup. p. 79.
7) M. Dubois la nomme simplement « oratoire. » B.

piédestaux deux grandes croix de pierre. L'église a été construite en 1214, comme le rappelle une inscription, tracée par-dehors, dans le porche, sur l'arcade de la porte occidentale de l'église intérieure, et de la teneur suivante :

«Au temps de Zakaria, de race royale, de son frère germain Ivané et de leurs fils Chahanchah et Avag, sous le supérieur Barsegh, religieux, et par les soins des frères, a été construite cette magnifique cathédrale, en 663—1214.» [1])

«Le mur septentrional du porche de l'église n'est autre que le roc pur, aplani; car le côté septentrional, se confondant entièrement avec l'église, dans sa longueur de l'E. à l'O., et occupant le milieu entre le mur [2]) et l'église même, est un rocher gigantesque, double de l'église en hauteur, et ayant le grain de la pierre meulière. Ce rocher, oeuvre de la nature, forme un plateau hérissé par-dehors d'aspérités; mais à l'intérieur il est presque entièrement vide et renferme quatre églises, dont trois sont de niveau, intérieurement, avec celle qui vient d'être décrite, et la quatrième l'emporte en hauteur sur les trois autres. La première des trois indiquées, creusée aux frais du prince Prhoch Vasakian, à sa porte au milieu du porche ci-dessus, par où l'excavation a été commencée, et tire le jour par en haut. Longue d'environ quarante coudées persanes carrées, elle a son jubé, sa sainte table et son sanctuaire taillés dans le même bloc de pierre. Au N., au milieu même du sol de l'église et dans sa longueur, se voit une excavation vide, large de deux coudées. Au N. de la place occupée par le clergé sourd une eau noirâtre, non potable, s'écoulant à travers l'église et allant par le porche se jeter dans le ruisseau. Sur le mur septentrional sont sculptés deux lions affrontés, enchaînés, ainsi qu'un aigle prenant son essor et tenant *une proie* [3]) des serres et du bec, en avant des deux lions. Une inscription, tracée à l'intérieur, sur le mur méridional, contient le souvenir du creusement de l'église par le prince sus-mentionné :

«Sous la domination du pieux et dévot thagadir (pose-couronne) dé Géorgie Avag,

---

1) Cette inscription, dont nous avons deux copies, parfaitement identiques, est presque rédigée de façon à faire croire que le prince Zakaria Mhhargrdzel était encore vivant en 1214, ce qui m'a toujours paru très contestable; v. Bulletin de l'Acad. t. I, p. 408. La cause du doute est tout entière dans les mots, si peu précis, *ի ժա֊ մանակս* «aux temps,» qui semblent impliquer la vie du personnage de qui l'on parle. Quant à Ivané et à Chahanchah, frère et fils de Zakaria, et à Avag, fils d'Ivané, il est bien certain qu'ils vivaient en 1214; mais Zakaria précéda dans la tombe la reine Thamar, et une inscription du couvent de Saghmosavank prouve péremptoirement qu'il était mort en 1215; car il y est parlé d'un édifice construit «en mémoire de l'amir-spasalar Zakaré et pour la conservation de la vie de son fils Chahanchah.» Je ne puis donc que me référer, à ce sujet, à ma notice insérée au Bullet. de l'Acad. cité plus haut. B.

2) Je crois que l'auteur indique ici ou le mur d'enceinte du couvent, *պարիսպն*, ou les deux murs en maçonnerie de l'église, à l'O. et à l'E. B.

3) Je crois devoir ajouter les deux mots soulignés. En effet l'aigle tient dans ses serres un animal cornu, peut-être une chèvre sauvage, et a le bec incliné vers sa proie. On peut du reste, voir le bas-relief en question sur la Pl. XI, 3e série de l'Atlas de Dubois. J'en possède moi-même un autre dessin, parfaitement semblable. D'une tête de boeuf, sculptée au centre, part un anneau, d'où sort une corde formant noeud de chaque côté, au cou de deux lions, entre lesquels se trouve l'aigle, occupant avec la chèvre l'intervalle entre deux voussoirs. La personne à qui je dois ce dessin croit y voir le symbole de trois évangélistes : le lion, le boeuf et l'aigle; je ne sais si ce n'est pas faire trop d'honneur à cette fantaisie. B.

de Chahanchah et de son fils Zakaria, moi Prhoch, fils de Vasac ; descendant de Khagbac, ayant acheté[1]) des maîtres du pays le très merveilleux Aïrivank, avec la montagne, la plaine et tout ce dont il était pourvu, j'ai creusé dans le roc cette maison de Dieu, en souvenir de moi, de mes fils et de ma femme Khouthlou-Khathoun.» Tout auprès on lit, en caractères différents : «Conjointement avec les miens, j'ai fait donation pieuse du tout à la porte de Sourb-Géghard.»[2])

«A l'E. et joignant cette église, il y en a deux autres également creusées dans le rocher, d'une forme et d'un goût charmants. Comme dans la précédente, les jubés, les degrés, les tables du saint mystère, les jours et autres dépendances, tout est taillé dans la même masse rocheuse. Les portes en sont sur le côté N. de la première section du portique en maçonnerie de l'église, au droit du pilier situé au N.E. Comme elles n'ont point de mémento de fondation, on ne sait à qui en est dû le travail, ni de quelle époque il est : peut-être sont-ce de très anciennes églises, desquelles provient le nom d'Aïrivank ; car dans l'enceinte du monastère il n'existe pas d'autres constructions de ce genre, naturelles ou artificielles, qui lui aient valu une pareille dénomination ; ce n'est que dans le lointain, surtout au S., au milieu de la vallée, sur les rives orientales du ruisseau, que l'on trouve en quelques endroits des excavations naturelles ou artificielles.

«La quatrième église[3]), au sein du même rocher, plus grande que les autres, en dominant les sommets, est aussi une excavation. Par la porte extérieure, à l'angle S.O. du grand rocher, on y pénètre et, ayant avancé de cinq pas, on entre dans cette église[4]). Toutes les parties de l'excavation reposent sur quatre piliers, ayant leurs piédestaux et chapiteaux, et réunis par des arcades. Entre ces piliers, là où les arches se réunissent, on a évidé en cône le centre ou support de la coupole, garnie de ses fenêtres, au niveau des coupoles des autres églises. Celle-ci est parfaitement carrée, sans jubé, mais avec une sainte table et toutes les appartenances d'une église, et le sol en est partout au même niveau.

----

1) Nulle part, que je sache, la date de cet achat n'est indiquée ; mais on sait qu'en 717—1268, Prhoch embellissait la sainte lance d'une châsse d'argent «En souvenir de lui, de ses fils Papak, Amir-Hasan et Vasac, et de sa femme Khouthlou-Khathoun, enlevés à la moitié de la vie,» et en faisait cadeau «au S. Aïrivank, acheté de lui pour être sa sépulture. B.

2) Des personnages nommés dans cette inscription, malheureusement sans date, Avag était le fils de l'atabek Ivané, frère de Zakaria, mentionné dans l'inscription de l'an 1214 ; Chahanchah est le fils du même Zakaria, également nommé ci-dessus, mais avant son cousin Avag, et Zakaria est le fils de Chahanchah. Quant à Prhoch, dont le père Vasac fut en grand crédit auprès de l'atabek Ivané, comme c'est un personnage sans célébrité, il suffit de me référer à ce que j'ai dit de lui dans les Addit. et éclairciss. p. 321, et d'ajouter que, suivant notre Mkhithar, ayant succédé à son père, en 679 — 1221, il mourut après 739 = 1280. L'inscription dont il s'agit est, comme je le dis, sans date, mais d'abord Ivané n'y est point nommé, puis Avag est désigné comme pose-couronne : ainsi l'excavation a dû être faite au temps de la puissance d'Avag, c'est-à-dire sous le règne de Rousoudan, entre 1228 et 1247, en tout cas, pas plus tard que 1261, époque de la triste fin de Chahanchah et de son fils Zakaria. B.

3) C'est celle que M. Dubois nomme «Oratoire de Sarkis;» il en donne une vue, série 3e, Pl. XI. B.

4) Par le dessin de M. Dubois, 3e série, Pl. IV, on voit que cette église communique en effet avec l'extérieur par un couloir comparativemant assez large, et avec la seconde des églises souterraines par un petit conduit. B.

« Ce grand oeuvre d'excavation a été exécuté par les soins de Papak, fils du prince Prhoch, ci-dessus mentionné, et de sa femme Rhouzoukan, dont une inscription commémorative se voit autour du chapiteau du pilier N. E., de la teneur suivante:

« Avec l'assistance de Dieu, moi . . . Papak [1]), fils de Prhoch, et ma compagne Erhouzoukan, nous avons creusé cet oratoire dans une excavation du rocher, en souvenir impérissable de nos âmes et de celles de nos enfants, avec nos capitaux légitimes. Cela a eu lieu sous le supérior Grigor [2]), en 737—1288. »

« Au - dessus de cette grande excavation, il y a vers le S. d'autres petites chapelles, creusées dans le même rocher, à l'intention de messes particulières, en outre, dans le grand rocher, vis-à-vis de la porte orientale du mur, il y a des excavations, du côté de l'E.

« A l'O. des églises, par-dehors et joignant la muraille, du sein même d'un grand rocher, isolé, dominant le monastère, il part un rameau de ce rocher, réuni avec lui par la base, qui est entièrement excavé et divisé en deux étages, l'inférieur et le supérieur, l'un et l'autre divisés en petites chapelles, où tout est en pierre : les saintes tables, les autels, les lieux où les moines offrent la messe, chacun de son côté. Ces chapelles sont à - peine grandes pour contenir le prêtre et quatre personnes. A l'étage supérieur on lit par-dehors la date suivante :

« La sainte Astovadzadzin [3]) a été restaurée en 705—1256. »

« Les cellules ou demeures des moines sont dans les parties E. et S. de la muraille ; celle du père ou supérienr fait face à la porte S. de l'église mitoyenne, en maçonnerie, et se compose de deux étages : les unes comme les autres sont toutes en pierres taillées ou communes, assemblées à la chaux.

« Malgré la grande proximité de la rivière, on s'est préoccupé autrefois d'approvisionner d'eau le couvent, au moyen de conduits cachés, en terre glaise, aboutissant du côté du N. Cette eau, traversant la muraille, arrive dans un bassin construit en pierre, se divise en deux branches et va remplir un autre bassin, puis, passant d'abord devant la demeure de l'abbé, elle va sous la muraille, par un canal en pierre, se jeter dans un petit potager, qu'elle arrose. Mais comme ce conduit est maintenant obstrué, on fait venir l'eau de la rivière, par un canal à ciel ouvert, allant par la porte E. de l'enceinte, rejoindre l'ancien et tomber à son tour dans le petit potager.

« Ici se conservait, comme en lieu à elle consacré, la sainte lance qui a percé le flanc de notre Sauveur Jésus ; c'est ce dont font foi la Géographie de Vardan, l'Histoire de Thomas de Medzob, les mémentos inscrits sur la châsse, en argent massif, offerte par le

---

1) M. Dubois, ou plutôt son collaborateur dans cette partie de son texte, t. III, p. 897, avait lu ici le nom propre insolite *Agacks*. B.

2) Dans la traduction de M. Dubois, on lit *Sargis;* une autre copie, dans le Mit. arm. N. 9 f° du Musée asiatique, donne le même nom. Je dois donc dire que dans les inscriptions arméniennes, avec abréviations et en lettres groupées, formant des monogrammes, les noms propres laissent souvent de grandes incertitudes, même pour les nationaux les plus expérimentés. B.

3) I. e. l'église de la Mère de Dieu, sans doute l'une de celles qui viennent d'être décrites. B.

prince Prhoch, ci-dessus mentionné, et divers autres témoignages écrits, relatés t. I, p. 50, sqq. [1]); mais en quel temps elle avait été déposée dans ce monastère, par quel moyen elle fut transportée d'ici dans la sainte église catholique de Vagharchapat, c'est sur cela qu'on n'a point de notions positives; on voit seulement, par les bulles des catholicos, que cette relique manifestait parfois sa puissance dans l'église patriarcale. Le catholicos Grigor X mentionne la sainte lance dans une bulle adressée aux religieux du mont Magharth, en 901—1452, en la dixième année, plus un mois et 10 jours, de son patriarcat. Il résulte donc et de l'histoire écrite et des bulles que la sainte lance se conservait autrefois ici, et parfois dans l'église patriarcale d'Edchmiadzin.

« Ce monastère a été ravagé pour la première fois par les troupes musulmanes de l'ostican Nasr, dépouillé de ses ornements, vêtements ecclésiastiques et autres propriétés, en 923 [2]); les religieux, maltraités impitoyablement par les soldats, pour qu'ils découvrissent leurs trésors, moururent l'un après l'autre, dans un court intervalle de temps. On croit que le dernier pillage fut exécuté il y a environ cent ans, par les Lesguis du Caucase; car le catholicos Siméon d'Erivan [3]) mentionne dans ses écrits que le monastère Aménaphrkitch, d'Havouts - Thar, voisin de celui - ci, fut jusqu'à *notre temps* gouverné — ainsi qu'il s'exprime — par des supérieurs de la race de Grigor - Magistros, Pahlavide : ce qui prouve l'existence du couvent à cette époque.

« Ce dernier pillage fut suivi d'une restauration, en 1834; car le catholicos Ter Hovhannès [4]), ayant donné par une bulle le couvent d'Aïrivank au prêtre principal de l'église de Nakhitchévan, dans l'Ararat, celui-ci, après avoir pris la coule de vartabied, s'y rendit et entreprit de le réparer. Ce que voyant la communauté du pays, surtout les habitants de Tiflis, elle augmenta journellement ses donations. Comme donc, à l'époque du pillage, de fervents pélerins, d'Erivan et des contrées voisines, accouraient ici en foule, deux fois l'année, à l'automne et au printemps, pour invoquer la sainte lance, les indigènes, qui avaient oublié l'ancienne dénomination d'Aïrivank, ont surnommé le monastère Géghardavank, « monastère de la Lance. » La nouvelle réparation se maintint jusqu'en 1840, où un violent tremblement de terre fit écrouler les pierres vives du N. et de l'O. de la coupole; en même temps le mur oriental de l'église en maçonnerie se fendit jusqu'au bas de l'édifice, il se fit des éboulements et des fentes jusque dans le mur, dans les chambres de l'abbé et des moines, dans la maison de l'économat et ailleurs, et jusque dans l'arceau de la grande porte de l'enceinte. Un énorme rocher, se détachant de la masse, roula par en bas en bondissant et, étant tombé sur la muraille du monastère, s'enfonça dans le sol, et

---

1) C'est là que le P. Chahkhatbounof donne l'histoire de la sainte lance et l'inscription de la châsse d'argent où elle est renfermée, à Edchmiadzin. Cette châsse est un don du prince Prhoch, en 717—1268. Le P. Thaddéos, aujourd'hui évêque, m'a donné, en 1848, une copie en toile gommée, de grandeur naturelle, de la précieuse relique dont il s'agit. B.

2) Hist. de Jean Cathol. p. 241. B.

3) Il siégeait en 1763—1780. B.

4) Ce catholicos fut élu en 1835, et eut pour successeur Nersès, en 1843.

s'y fixa. Il n'y reste plus maintenant que trois moines du monastère de Sévan, avec quelques serviteurs.

§ 574. Supérieurs du couvent, mentionnés dans les livres.

1. Ter Grigor, nommé plus haut, dans l'inscription de Papak, fils de Prhoch, en 1288.

2. Ter Hovhannès, nommé dans le mémento d'un Evangile, en 1475.

3. Ter Astovadzatour, évêque, qui alla à Ispahan, auprès de Chah-Abas, avec le catholicos Melkiseth, environ l'an 1603.

4. David, évêque, de la race du prince Prhoch, qui fut supérieur de 1635 à 1675.

5. Stéphannos, évêque, frère du précédent, savant homme, qui fut supérieur durant 4 ans et, lors du tremblement de 1679, resta dans les ruines de l'église de l'ermitage de l'apôtre Anania, à Erivan.

6. David, évêque, fils d'un frère du précédent, fut son successeur immédiat. Ils sont nommés tous deux dans le mémento d'un Aïsmavourk (Vie des Saints) de la bibliothèque du S. Echmiadzin.

7. Pétros vartabied, de Dchahouc, nommé dans le livre intitulé Dchambrh, en l'année 1153 de l'Hégyre, 1740 de J.-C.

8. Ghouncianos vartabied, mentionné dans le même *Dchambrh.*

9. Ter Hovhan, de Nakhitchévan, nommé plus haut.

10. Le moine Martiros, de Vagharchapat, l'un des trois religieux ci-dessus mentionnés. »

Quant à l'auteur de l'Histoire chronologique, il n'est pas impossible de fixer assez positivement le temps où il écrivait, au moyen des listes de souverains contenues dans son livre et des derniers événements qui y sont racontés.

En effet, Mkhithar commence par une histoire passablement étrange de l'oeuvre des six jours, ou de la création du monde, remplie de traditions fabuleuses, puisées on ne sait où, et qui se termine par dire[1]) qu'Adam sortit du Paradis un vendredi, et qu'il se retira alors dans l'île de Ceylan (Սելեան, Séléan). Après quoi il donne la liste des patriarches bibliques antédiluviens, de ceux qui forment la généalogie de J.-C., celle des apôtres, disciples...., puis celle des trois premières dynasties arméniennes, et enfin la série des rois Rhoubéniens et des catholicos d'Arménie. La dynastie des rois de Cilicie finit à l'avénement d'Héthoum II, sans dire précisément en quelle année, mais on sait que le fait eut lieu en 1289. Le dernier catholicos arménien mentionné est Constantin II, qui siégea de 1287 à 1290. Pas une seule de ces listes n'est complète ni d'accord avec celles du P. Tchamitch et de St.-Martin, soit pour le nombre, soit pour la durée des règnes. Par exemple Mkhithar compte 73 patriarches, durant 736 ans, tandis que depuis S. Grégoire jusqu'à l'époque ci-dessus énoncée il y en eut 88, siégeant 988 ans, à partir de l'an 302; fo. 11.

Les mêmes désordres se remarquent dans la liste des «princes de Géorgie,» qui finit à Wakhtang II, second successeur, d'après lui, de Dimitri-le-Dévoué ou le Décapité; mais

---

1) Fo. 6 V°.

son histoire se termine à la mort de ce dernier, qui nous reporte à l'an 1289, d'après les Géorgiens; jusqu'à lui Mkhithar compte 79 princes, bien que les Géorgiens, dans le même temps, comptent 65 règnes, dont 6 doubles, en tout 71 rois, les patriarches de la nation exclus. Du reste, voici cette liste, comme échantillon de l'exactitude de l'auteur.

Princes de Géorgie, fo. 11 V°.

1. Haïc et ses 7 frères,
2. Karthlos,
3. Bardos,
4. Moycan,
5. Lécan,
6. Héros,
7. Cavcas,
8. Egris,
9. Ouphlos,
10. Mdzkhitha, [1]
11. Abriton,
12. Azon; venue d'Alexandre.

Rois de Géorgie.

13. Pharhuavaz,
14. Sarmac, ou Sourmac, C. [2]
15. Mrvan,
16. Pharnadchom,
17. Arbac,
18. Artac.
19. Barton,
20. Mrvan,
21. Arbac, [3]
22. Atric, sous lequel naquit J.-C.
23, 24. Barton et Kartham,

25, 26. Azouc, Azmaïer,
27, 28. Hamazasp, Dérouc,
29, 30. Pharsman, Mihrdat,
31. Admi,
32. Hamazasp,
33. Vroïn, [4]
34. Vatché,
35. Aspagour,
36. Mihran, converti au christianisme par Nouné;
37. Bahkar,
38. Mihrdat,
39. Varza-Bakar,
40. Trdat,
41. Pharsman,
42. Mirdat,
43. Vartchil,
44. Mirdat,
45. Varza-Bakar,
46. Sourmac,
47. Dchouancher,
48. Vakhtanc, bâtit Tiflis;
49. Datché ou Vatché, C.
50. Gourgaslan, [5]
51. Pharsman ou Pharsan, C.
52. Pharsman; manque, C.
53. Bacour,

54. Karé Apraz, [6]
55. Goram,
56. Stéphanos,
57. Atrnerséh,
58. Stéphanos; manque, C.
59. Artchil et Mihr,
60. Djouancher ou Djouanber, C.
61. Achot,
62. Davith,
63. Gorgi,
64. Léon,
65. Démétré,
66. Théodose, [7]
67. Gourgen, Bagratide;
68. Ajoutez Bagarat, C.
69. Gorgi,
70. Davith,
71. Gorgi,
72. Thamar,
73. Lacha Giorgi,
74. Erhousoudan,
75. Davith-le-Petit,
76. Davith-le-Grand,
77. Démétré, mis à mort;
78. Davith,
79. Vakhtanc. [8]

---

1) I. e. Mtzkhéthos, fils de Karthlos.

2) Cette lettre indique les variantes d'un Mit. incomplet, communiqué obligeamment à l'Académie par feu Monseigneur Carabiet, évêque de Tiflis, copié en 1123—1674, par le prêtre Grigor.

3) Lis. Archac; la confusion du *b* et du *ch* est très facile à faire dans les deux écritures géorgiennes.

4) Ce nom manque entièrement aux listes géorgiennes.

5) C'est un double emploi, avec Vakhtanc, N. 48.

6) Ce doit être Kasré Amparvez ou Khosro-Parvis, roi de Perse.

7) Celui-ci et les deux précédents sont des rois d'Aphkhazie.

8) Ce nom et le précédent sont ajoutés en marge dans le Mit. C.

Il y a ici bien des omissions, quelques répétitions et même un nom formant deux règnes ; une addition, au N. 33, partout des variantes d'orthographe, et même quatre NN.
63—66, de la dynastie, non Bagratide encore, d'Aphkhazie ; ce qui prouve qu'au temps
de notre auteur, ou l'on était mal informé, ou les Annales géorgiennes n'avaient pas encore la forme sous laquelle nous les connaissons. Enfin, si même les deux derniers NN.
doivent être compris, ce dont je doute, dans la liste de Mkhithar, le règne de David VI,
ne nous ferait arriver qu'à l'année 1292, d'après la chronologie de Wakhoucht.

La série des évêques géorgiens, fo. 12, ou des archevêques, d'après le M[it]. C., est
de 23 personnages.

1. Ter Hohan,	15. Ter Elthaï ; Ewlaïos, W.
2. — Hacob,	16. — Curion l'impur ; c'était un arha-
3. — Hob,	dchnord ou supérieur des Ar-
4. — Eghia ; après lui vient Simon,	méniens de Géorgie, celui qui
dans la liste de Wakhoucht.	consomma, au VIe s., la sépara-
5. — Hounan ; Iowané, W.	tion religieuse des deux peu-
6. — Grigor,	ples ; omis chez Wakhoucht.
7. — Barsegh,	17. — Macar,
8. — Mouchid ; Mobida, W.	18. — Siméon,
9. — Mikael. [1])	19. — Samouel,
10. — Pétros,	20. — Bardoghiméos,
11. — Samouel,	21. — Hohannès,
12. — Taphédchan ; Thawphétchag, W.	22. — Babilas,
13. — Zimag ; Tchigirman, W.	23. — Thaphor ; Thabor, W.
14. — Abas, catholicos.	

« C'est là, ajoute l'auteur, tout ce qui s'est trouvé dans les originaux. » Cependant
Thabor fut intronisé sous Stéphanos II, qui régna en Géorgie sous le simple titre de mtha-
war, de 639 à 663, après quoi les Tableaux de Wakhoncht et les manuscrits ordinaires
des Annales ne donnent plus de noms de catholicos, pendant les VIIIe, IXe et Xe s., et ne
recommencent qu'au XIe s., sous David-le-Réparateur ; mais on sait que le beau manuscrit
khoutzouri provenant de la bibliothèque du feu tsarévitch Théimouraz mentionne dans
cet intervalle cinq noms de catholicos, très authentiques, dont un, Melkisédek, a laissé
une charte, datée de l'an 1020 ; v. Hist. de Gé. p. 302, et Hist. mod. II, 450. Ainsi les
renseignements dont Mkhithar a fait usage n'étaient pas complets.

Les listes des rois et catholicos d'Aghovanie, qui viennent ensuite, pourraient peut-
être nous fournir encore quelques inductions sur l'époque où écrivait Mkhithar, mais cette
matière n'étant pas encore assez étudiée ni connue, il vaut mieux porter notre examen sur
d'autres témoignages. Par exemple, le dernier empereur mentionné depuis Auguste, en la

---

1) A partir d'ici, ce sont des évêques, dans le M[it]. C., des catholicos, d'après les Géorgiens.

184e olympiade (chiffre faux, du reste), est un certain Phisic l'impur, Փիսիկ պիղծն, qui
ne peut être qu'Isaac - l'Ange, second du nom, dont le règne et la vie se terminèrent
en 1204. Tous les souverains de race française qui lui succédèrent sont omis. Coubilaï
clot la liste des souverains thathars; Martin, celle des papes; Mahmad, tué par Seldjouc,
celle des conquérants tadjics; Eudoxe, celle des patriarches de Jérusalem; Mikhel, celle
des patriarches d'Antioche; Proclus, d'Alexandrie; enfin Polos, de Constantinople.

Mais ce qui est plus caractéristique que toutes ces listes, aussi indigestes qu'incom-
plètes, c'est que l'Histoire chronologique se termine ainsi: «Arghoun extermina les partisans de Dchalaltaï [1]) et beaucoup d'autres noïns, à cause de leur révolte, et parmi eux il
fit mourir l'innocent roi de Géorgie, Démétré. Léon, roi d'Arménie, étant mort, Héthoum
lui succéda. Il y eut une horrible disette de vivres, pour les hommes et pour les animaux.[2])» Or on a vu précédemment à quelle date se rapportent la mort du roi Démétré II
et l'avénement d'Héthoum, en Cilicie. Mkhithar est donc un écrivain de la fin du XIIIe s.,
qui peut-être mourut dans les premières années du XIVe.

Après ces listes l'auteur donne, fo. 16, un catalogue de livres, qui est certainement
très intéressant pour nous.

Livres mystérieux des Juifs.

Le livre d'Adam [3]),
— — d'Enok,
— — de Sibel (des Sibylles?),
Les 12 patriarches,
L'exaltation [4]) de Moïse,
Eldad,
Movdad,
Les Psaumes de Salomon,
Les Mystères d'Elie,
Les sept visions de Daniel.

Chez les modernes:

L'enfance de Jésus,
L'Evangile de Thomas,
La vision de Pierre,
Le Voyage de Paul,
Les lettres catholiques de Barnabé, de
Jude et de Thomas;
Lettre de S. Clément sur ce sujet: «Quels
sont les livres qu'il faut reconnaître?»
Les Actes et canons des apôtres,
La Vision de S. Jean,
Le Conseil de la Vierge aux apôtres,
Le livre de Denys (l'Aréopagite),
La lettre de Timothée,
Le livre de Criapos?
Les discours de Juste,
Le Prédicateur des orthodoxes,
La lettre de Barnabé.

«Tels sont, dit-il, les livres que moi et Anané nous avons écrits dans la ville du rocher, où nous avons consacré une église.» Ainsi Mkhithar avait passé une partie de sa

---

1) Aucune histoire ne mentionne, que je sache, cet adversaire d'Arghoun.

2) Ces faits sont placés sous les synchronismes 730—1283, 738—1291, mais se rapportent plutôt au dernier
qu'au premier.

3) Cf. infrà, sous l'année 450 — 1003, et Journ. as. déc. 1853, le Testament d'Adam.

4) վերացումն paraît signifier ici ou «le ravissement extatique, la vision,» ou plutôt «l'assomption, la dis-
parition» du prophète.

carrière monastique à transcrire les ouvrages précédents, en partageant son travail, comme cela est souvent indiqué, dans les manuscrits, avec l'un de ses compagnons. La liste se continue:

Historiens depuis le commencement du monde.

Moïse, qui a parlé avec Dieu;
David le prophète,
Salomon le sage,
Samouel et Nathan,
Jéou, Azaria,
Le prophète Jérémie,
Ezdras,
Joseph ou Caïapha, [1])
Erinos,
Eusèbe,
Socrate le Grand et le Petit,
Africain,
André le sage,
Epiphane le patriarche,
Tatien.

Auteurs arméniens:

Ghéroubna,
Maribas Catina,
Zénob le Syrien,
Fauste de Byzance,
Lazar,
Nersès et Sahac,
Corioun,
Saïac,
*Khosrov,
Thomas vartabied,
Moïse de Khoren,

Lazar de Pharbe,
Eghiché vartabied,
*Chapouh Bagratide,
Sébéos (auteur du livre toujours cité sous le nom d'Héracl, i. e. histoire de l'empereur Héraclius).
Mosé d'Aghovanie,
Ghévond, le prêtre;
Oukhthanès, évêque;
Jean catholicos,
Etienne Asolic,
Aristacès de Lastiverd,
*Jean Khozierhn,
*Jean de Taron,
Matthieu d'Edesse,
Anania vartabied;
*Mkhithar, prêtre;
*Vahram Tigranakertatsi,
Jean Sarcavag;
Samouel, le prêtre, d'Ani;
Mikhael le Syrien,
Mkhithar Goch,
*Vanacan vartabied,
Vardan,
Ciracos,
et moi-même, Mkhithar vartabied.

Parmi ces auteurs, j'ai marqué d'un astérisque ceux qui ne nous sont connus que de nom ou par de faibles extraits et citations, qui se rencontrent çà et là dans divers ouvrages; on doit croire que notre Mkhithar en avait fait usage pour le sien, et qu'ils n'ont disparu que depuis le XIIIe s.

---

1) Ce nom reparaît plus bas sous la forme *Caïapha*, avec l'attribut de grand-pontife; mais comme l'historien Josèphe n'est pas connu sous un tel nom, je suppose qu'il faut lire *Flavia*, et n'admettre l'attribut qu'avec réserve. B.

Je dois également mentionner ici une liste de livres, transcrite aux fos. 40 recto e
verso, et 41 recto, portant cette épigraphe: «Catalogue des livres saints, vérifiés par l
vartabied Sarcavag[1]) et transcrits par moi le vartabied Mkhithar l'historien...» Cette list
comprend: 1° les livres du Nouveau-Testament, et les Epitres connues de S. Clément
2° les livres de l'Ancien-Testament, pêle-mêle avec des ouvrages arméniens et grecs, qu
ne me sont pas tous connus; 3° sous le titre de նուրբք «subtils,» quelques livres cano
niques, omis au N. 2 et des traités de David, philosophe arménien, du V° s., de Sahac e
Mesrob, de S. (Jean) Mandacouni, auteur du V° s.; la Vision d'Enok, les Testaments de
patriarches; les Prières d'Aséneth (épouse de Joseph); des ouvrages de Joseph ou Calia
pha, le grand-pontife[2]); de Philon; de Denys, l'Aréopagite apparemment; de S. Basile, d
Proclus, de Porphyre, d'Aristote, d'Epiphane, d'Evagre; de Jean Maïragometsi, écrivai
du VII° s.; d'Ephrem, de Cyrille d'Alexandrie: le tout au nombre d'environ 104, qui m
paraissent former une collection très curieuse pour l'époque, et qui mériterait bien d'êtr
commentée par un savant plus versé que moi dans la critique biblique et dans l'histoir
littéraire.

Ces préambules — non compris le dernier catalogue — et l'histoire des patriarches
qui forment la série des générations jusqu'à J.-C., le tout entremêlé de traditions fabuleu
ses, occupe 29 feuillets ou 58 pages, contenant peu de faits vraiment dignes de remarque
Si l'on veut se faire une idée de la chronologie adoptée par l'auteur, en voici le résumé
tel qu'il le donne avant d'entrer dans l'ère chrétienne.

		Variantes du Mit. C.	
D'Adam au déluge . . . . 2242 ans,	D'Adam à la 40° année de Japheth	1000
delà à la construction de la tour 525 —	delà à la 160° — de Noé	2000
— à Abraham . . . . 415 —	—— à la 93° — de Sérouk	3000
— à la sortie d'Egypte . . . . . . 502 —	—— à la 73° — de Iobed	4000
— à la construction du temple	—— à la 34° — d'Hacin	5000
de Salomon . . . . 480 —	—— à la 249° — de l'ère ar-	
— à la construction du temple	méuienne	6000
de Zorobabel . . . . 511 —		
— à la naissance de J.-C. No-		
tre-Seigneur . . . . 518 —		

en tout   5198, au lieu de 5193; légère différence, qui peut s'ex
pliquer par une erreur de copiste, car les
nombres sont en lettres arméniennes.

De J.-C. au comput arménien . . . 553.

---

1) Il s'agit peut-être ici du vartabied Jean Sarcavag, de Sanahin, computiste, mort en 1129 et conséquem
ment de beaucoup antérieur à Mkhithar.

2) Je soupçonne, à la manière dans laquelle est arrangée la liste, que les trois précédents livres sont attri
bués à ce Joseph ou Caliapha.

Par curiosité on peut comparer ces deux résultats, qui sont identiques pour placer la naissance de J.-C. en 5198, avec ceux donnés par deux manuscrits géorgiens, analysés dans le Bullet. Hist.-Philologique, t. XV, p. 177, et t. XVI, p. 362. On trouve que les Géorgiens dont il est question mettent la naissance de J.-C. en 5516 ou plutôt 5500, suivant l'ère de Jules-Africain, et 5502 ans; tandis que la chronologie d'Eusèbe[1], adoptée par Samoùel d'Ani, met cet événement en 5198, comme notre Mkhithar.

Voici maintenant quelques extraits concernant l'Arménie, et tout ce que dit notre auteur de la Géorgie. Il décrit en ces termes, fo. 21 V⁰, les premières possessions de Haïc:

« Bel, haut de 60 coudées, se fit adorer de tous les peuples, excepté de Haïc le brave, qui, suivi de ses frères et de 300 personnes, demeura dans le pays de Hark, en Arménie, et dispersa ses frères, de Trébisonde à Dariala et à Derbend; pour lui, il tua Nébroth d'un coup de lance et régna sur Derbend, sur le Rhan et le Moughan, sur l'Aderbadacan, sur les Mars et Medzbin, sur la Mésopotamie et Mélitène, sur Cokison et Césarée, sur Colonia et Sper, sur la Chaldée et le Karthli, sur le Souaneth et le Caucase, remplissant tout le pays compris dans ces limites. »

Plus loin, fo. 22 V⁰, en 3284 du monde, il donne en ces termes l'étymologie du nom de l'Arménie: «Harmaï et son fils Aram sont ceux d'après qui notre pays se nomme Armani. »[2]

Avant d'entamer l'histoire depuis J.-C., Mkhithar explique ainsi la marche et le but de son livre, fo. 29 V⁰: «Jusqu'à-présent, c'est en suivant la série des patriarches et des rois que j'ai formé la chaîne des faits essentiels de l'histoire, tout en l'abrégeant et disant un fait sur mille; maintenant je suis agité par mes pensées, en voulant écrire l'histoire de l'Arménie, ma patrie, mais comme nos princes ne furent pas indépendants, il faut, pour donner une forme à l'ensemble, exposer la série des monarques entre les mains desquels ils sont tombés. Comme donc, depuis leur fondateur Haïc, les Arméniens ont obéi aux Assyriens, puis aux Mars, aux Perses, aux Macédoniens, aux Arsacides, aux Persans, aux Tadjics, aux Turks, et maintenant aux Thathars, de même encore autrefois aux Romains, puis aux Grecs, il faut maintenant parler des Romains et des Perses.»

Pour ne point suivre l'auteur dans de trop vastes détails, que ne comporte point une si médiocre composition, je vais me borner à recueillir les faits relatifs à la Géorgie, qui y sont semés assez abondamment.

Sous l'an 291 de J.-C.: «Le roi Trdat règne; il tourmente saint Grégoire....; les Géorgiens sont convertis à J.-C. par Nouné; Constantin donne aux Arméniens l'emplacement du couvent de S.-Jacques, à Jérusalem, comme lieu de descente pour eux. »

---

1) Euseb. Chron. Venise, 1818, Pⁱᵉ. I, p. 134, et II, p. 261; les Septante donnent 5199 ou 5202. M. Dulaurier, dans ses Recherches sur la chron. arm., p. 40, met sur le compte d'Eusèbe les années mondaines 5198, 5199 et 5200.

2) V. sur ce sujet les remarques de S.-Martin, dans ses Mém. t. I, p. 259—269.

Comme le présent synchronisme s'étend jusqu'à l'année 330, c'est dans cet intervalle de 39 ans que Mkhithar place tous les faits qui s'y rapportent, et que le lecteur doit savoir classer lui-même à leurs dates précises. Toutefois je fais remarquer que l'avénement de Trdat est reculé ici de cinq ans relativement à la date fournie par Moïse de Khoren, «en la 3ᵉ année de Dioclétien (soit 286),» et qui est généralement admise. Quant à l'établissement des Arméniens à Jérusalem, sous Constantin, on sait que les Géorgiens ont une tradition analogue à celle-là, relativement à leur grand couvent de la Croix, dans la ville sainte, dont l'emplacement leur fut concédé par le même empereur.

Sous l'an 354: André (de Crète) invente l'agencement du comput et le cycle de 200 ans,» imaginé pour fixer la célébration de la Pâque. Sur le comput arménien et sur la chronologie technique, v. ici même les années 553 de J.-C., 10 de l'ère armén., 113, 534, 544: chacun de ces §§ de l'ouvrage de Mkhithar est rempli de très curieux détails.

Sous l'an 424: «Invention des lettres arméniennes par S. Mesrob;» c'est 20 ans plus tard que la date communément attribuée à ce fait.

Sous l'an 472: «Réunion à Chalcédoine de 636 évêques, à l'occasion de laquelle il parut trois soleils, et il y eut 72 signes merveilleux. Martyre des saints Vardanians, et de sainte Chouchanic. André porte à Sper la croix de Se. Nouné; Barda est construite par le roi Vatché.»

Ces synchronismes sont entièrement faux, comme chacun peut s'en convaincre à la simple inspection du premier fait, le concile de Chalcédoine ayant eu lieu en 451, sous l'empereur Marcien, le martyre des Vardanians en 450, et celui de sainte Chouchanic en l'année 458.

Sous l'an 500: «Vakhtanc, roi de Géorgie, bâtit Tiflis.» Ce synchronisme est en réalité celui de la mort de Wakhtang-Gourgaslan, qui eut lieu en 499, suivant les Géorgiens.

En 553, établissement du comput arménien. — Cette initiale, reposant sur l'adoption du système d'Eusèbe, qui place la naissance du Sauveur en l'an 2 avant l'ère chrétienne vulgaire, laisse en réalité l'usage de l'initiale 551, mais elle introduit dans la chronologie suivante certaines incertitudes qui ne permettent plus de regarder comme positives, sans discussion, les dates assignées aux faits.

En l'an 60 de l'ère arménienne commença celle des Tadjics, i. e. des musulmans; or cette année 60 correspondant, d'après Mkhithar, à 613 ou même à 611 de J.-C., on voit qu'il est en retard de 11 ans sur l'année initiale de l'Hégyre, le 16 juillet 622.

L'on trouve ici, au fo. 33 V°., tout-à-fait hors d'oeuvre, la liste des noms des signes du zodiaque et des sept astres en géorgien, avec transcription en caractères arméniens, qui est intéressante pour faire connaître le rapport des deux alphabets au XIIIᵉ s.

Le bélier . . . . . *վերձի* . . . . ვერძა,
le taureau . . . . *կուր* . . . . კჳრო,
les gémeaux . . *տղուբի* . . . . . . ტყუბა,
le cancer , ... *կիրճխիբի* . . . . კირჩხაბა,
le lion . . . . *լոմի* . . . . ლომა,
la vierge . . . . . *քայձուլի* . . . . ქალწჳღა,
la balance . . . . *սասծարի* . . . . სასწორი,
le scorpion. . . . *ղրիակկլի* . . . . . ღრიანბკკლა,
le sagittaire . . . *ջշլդասանի* . . . მშჯღდოსანა,
le capricorne . . *թխիսրքայ* . . . . თხისრქა,
le verseau . . . . *ծղխապբանի* . წყლისმჯანი, lis. წყლის საქანელი.
les poissons . . . *թեղի* . . . . თევზა.

1. le soleil . . . .
2. Mars . . . . . . *մաերի* [1] . . . . (მირგვანი, მარის).
3. la lune . . . . *թուարի* . . . . მთვარე.
4. ? Vénus . . . *կեցխուլի* . . . . ცეცხლალდი (ასპიროზი).
5. Mercure . . . *սնաթլիս մաումկեմրլիս* . . სინათლის მომცემელი (ოტარიდი).
6. Saturne . . . . *թուարիպուսի* . . . . მთვარი . . . სი (ზოჯსლდი).
7. Jupiter . . . . *սնաթլիրդասի* . . . . . , ... სინათდი . . . ,სი. (მეჯმთარი).

La transcription arménienne des noms géorgiens du zodiaque fait toucher au doigt
les inconséquences de la prononciation des lettres arméniennes, telle qu'elle est admise aujourd'hui à Constantinople et en partie dans la Transcaucasie. Au point de vue de la
science, cette prononciation est fausse, ainsi que l'a déjà prouvé M. Pétermann, de Berlin, dans sa Grammatica linguae armeniacae, 1837, et comme j'apprends qu'il se propose
de le démontrer *ex professo* dans un ouvrage à part. Au reste, le psaume Miserere, transcrit
du géorgien en arménien à la fin du Thesaurus de Schröder, peut aussi servir de moyen de
contrôle pour la concordance des deux alphabets.

Enfin, en ce qui concerne les noms des sept astres de la semaine, je ne réussis pas
à les rétablir tous en géorgien ni à en donner les vrais équivalents, employés déjà
dans le roman de l'Homme à la peau de tigre, § 989 — 994 de notre édition, parce que
Mkhithar n'a point mis en regard de chaque nom la dénomination géorgienne.

Sous l'année arménienne 50 — 603 [2] « Saba devint catholicos de Géorgie, sans l'autorisation du patriarche d'Antioche ; » c'est un grave anachronisme, comparativement aux

---

1) Ce mot ne ressemble à rien de connu ; les NN. 6 et 7 ne sont qu'en partie reconnaissables.

2) Il est à peine besoin de faire remarquer que, pour la réduction des années arméniennes en années chrétiennes, je suis le système de Mkhithar, plaçant en 553 le commencement du comput national, mais cette réduction
se trouvera souvent fausse dans ses résultats. Toutes les dates chrétiennes obtenues par cette réduction doivent
être diminuées de deux ans.

Annales, qui font siéger Saba en 542—547, sous le roi Pharsman VI; Hist. de Gé. p. 202.

En 60—613, apparition de Mahomet.

« En 74 arm. —627, les Géorgiens se séparent de la communion des Arméniens;... conversion des Huns par Israïl. » La séparation religieuse des deux peuples eut lieu définitivement en 596 de notre ère, après le concile tenu à Dovin, sous le catholicos arménien Abraham; v. Additions à l'Hist. de Gé. Add. V. Quant à la prédication d'Israïl chez les Huns, en 681, v. Mosé Caghancatovatsi, Hist. des Aghovans (trad. russe, p. 193).

« En 130 arm. — 683, les rois de Géorgie Artchil et Mihr battirent Mourwan près de la citadelle d'Anacop; le fleuve aux Sept-Sources emporta 23,000 Tadjics et 35,000 chevaux: c'est pourquoi la rivière Abachis-Dzghal est aussi nommée Tskhénis-Dzghal. » Comme le Mourwan ici nommé est bien le dernier khalife Ommiade Merwan, dont les, expéditions en Géorgie eurent lieu vers l'an 735, lorsqu'il n'était encore que lieutenant de son cousin le khalife Hicham, il y a ici anachronisme flagrant. D'ailleurs, les rivières Abacha et Tékhour, en Géorgie, sont à l'O. et tout-à-fait différentes de la Tzkhénis-Tsqal: toutefois ces variantes mêmes prouvent qu'au XIIIᵉ s. les Annales géorgiennes n'étaient pas encore débrouillées; v. Hist. de Gé. p. 238, 246.

« En 270 arm. —823, sous le catholicos arménien Ter Davith, le prêtre Pharsman Cacaghétsi passa des Arméniens aux Géorgiens et convertit les Dzodéens, c. à d. ceux du pays de Dzod, qui vivent maintenant en Grèce. » C'est à-peu-près tout ce qu'on sait de la tribu des Dzodk, dont la conversion avait été écrite par l'évêque Oukhthanès d'Ourha, dans la 3ᵉ Pⁱᵉ, malheureusement perdue, de son Histoire de la séparation religieuse des Arméniens et des Géorgiens; v. Addit. V à l'Hist. de Gé., p. 124.

« En 290—843, l'émir Sadchob prit Mtzkhétha et détruisit la croix de Se. Nouné; » sur cet émir, dont le vrai nom est Sadj, v. Hist. de Gé. p. 279; mais sa venue est postérieure à la date donnée par Mkhithar.

En 334—886, Achot régna en Arménie, 34 ans après l'extinction de la dynastie des Arsacides. »

Sous ce synchronisme sont mentionnés les historiens Chapouh Bagratide, entièrement perdu, et Jean catholicos, édité à Jérusalem et à Moscou, dont la traduction en français, par M. S.-Martin, est aussi publiée. Or l'extinction des Arsacides ayant eu lieu en 428 de J.-C., et Achot Bagratide n'ayant eu le titre royal qu'en 885, on voit qu'il doit manquer ici le chiffre des centaines, pour avoir le chiffre 457, marquant l'intervalle entre les deux faits.

« En 362—915, le roi Sembat Tiézéracal bâtit la ville d'Ani, nom qui signifie *ennui;* il prit,le sultan et fit raser les musulmans, comme des femmes; il prit aussi Démétré, roi des Géorgiens, et les fit marquer à la main, d'où leur vient le nom d'Aphkhaz. Il fut crucifié par Iousouph l'impur, à Dovin: par-là s'accomplit la prophétie de Moïse de Khoren: « Vous Bagratides, qui régnez à Dovin. » Après lui régna David Ardzrouni, fondateur d'Aghthamar. »

Ce § est rempli de choses singulièrement obscures. Sembat Natahac ou le Martyr, et non Tiézéracal ou le Conquérant, régna en effet de 890 à 914 et périt à Dovin; mais d'abord l'histoire ne dit point que ce soit lui qui ait construit Ani, puisque cette forteresse existait avant lui; ensuite c'est par un mauvais jeu de mots, encore est-il tiré du grec *ἀνία*, et non de l'arménien [armenian], que l'on peut dire que le nom de cette ville ait la signification que lui attribue Mkhithar. Enfin l'histoire ne dit rien de ces musulmans rasés et de ces Géorgiens marqués à la main, [armenian], *tzerhn khaziats*, ce qui serait l'origine prétendue du nom d'Aphkhaz; elle ne parle pas non plus, à cette époque, d'un soi-disant roi de Géorgie, Démétré, qui aurait été pris par Sembat. On ne sait donc où ces renseignements ont pu être puisés. Quant à Gagic Ardzrouni, neveu de Sembat, il fonda réellement sous le règne de ce prince le petit royaume de Vaspouracan, à l'E. du lac de Van, et remplit l'île d'Aghthamar de magnifiques constructions; v. Indjidj, Arménie anc. p. 173.

« En 380—933, le roi Abas construisit l'église cathédrale de Cars, celles de Carmndchatzor, de Capoït-Car et d'Horhomosi-Vank; il battit Ber à Cars, et ayant environné d'or son crâne, s'en fit une coupe pour boire le vin.» Sur ces faits, v. notre Addition IX, p. 171: il est question ici d'un roi des Aphkhaz qui n'est connu que par les historiens arméniens.

« En 412—964 les couvents de Haghbat et de Sanahin furent construits par la reine Khosrovanoïch.

« En 430—983, commencement du règne des Bagratides en Géorgie; Gourgen, en effet, régna dans ce pays, et son frère Sembat en Arménie. Ce dernier fortifia le rempart d'Ani et fonda la grande cathédrale, le prince Vahram construisit Marmachen; dans ce temps vécurent Mosé Caghancatovatsi, historien des Aghovans, et l'historien Oukhthanès. David couropalate prit Mandzkert, et Gabriel, fils de Dchapendar, battit Mamlan dans le pays d'Apahounik.»

Pour les faits de guerre mentionnés ici, je renvoie le lecteur à mon Addition IX, p. 181, 183, où il est parlé notamment des victoires de Gabriel, fils d'Otchopentir. Toutefois la première ligne du § serait inintelligible, si je ne disais qu'en effet, vers l'époque indiquée, le prince arménien Gourgen, frère du roi Sembat II, fonda dans le Tachir, province méridionale de la Géorgie, dont Loré était la place principale, une dynastie éphémère, connue dans l'histoire sous le noms d'Aghovans Bagratides ou de Coricians; car à chaque génération la famille Bagratide se dédoublait, pour ainsi dire, pour établir de nouvelles principautés, portant le titre fastueux de royaumes: on a de lui une monnaie. [1])

Ce que dit notre Mkhithar, presque contemporain, des deux historiens, Mosé Caghancatovatsi et Oukhthanès, détermine positivement leur époque, notamment celle du premier, qui dans le Quadro, dans les Mémoires d'Eug. Boré et chez presque tous les écrivains

---

1) V. Langlois, Essai de classif. des suites mon. de la Gé. p. 87.

modernes, est regardé comme un auteur du VII° s., tandis que le contenu de son livre démontre qn'il vécut après l'an 950.

« En 450 — 1003. L'église sans pareille de Sourb - Grigor est construite à Ani[1]); maintenant elle est détruite (*Հանգուցեալ*). Le couvent d'Havojthar[2]) est bâti par Géorg, prince de Keg. Alors florissaient les historiens Stéphanos Asolic et Rhestakès de Lastiverd; le P. Samouel, de Carmndchatzor, arrangea le livre indicateur des fêtes; le s. père Atom Varagétsi mit en ordre le livre Horhomagir; le P. Siméon écrivit les 151 récits de l'Adamgirk, ou Livre d'Adam[3]), à la prière de Sénékarim, roi de Vaspouracan. Le vartabied Timoth composa l'explication de la création; la reine Catramidé acheva la cathédrale d'Ani, et Sembat-Magistros bâtit le couvent de Bgnaïr.

« En 460 — 1013, Ibn-Khosro, roi de Perse, entre en Arménie et conquert aussi la Géorgie. » Sur ce personnage, qu'Asolic qualifie « émir de Bagdad, » v. Add. et écl. p. 252.

« En 493 — 1046, l'empereur Monomaque fit cesser la dynastie Bagratide (d'Arménie), qui avait fourni dix rois en 160 ans; mais il resta des princes de cette famille, en Géorgie, à Madznaberd et à Norberd, qui possédèrent plusieurs provinces et construisirent beaucoup de forts. Monomaque, après avoir pris le roi Gagic, donna une principauté à Grigor-Magistros, qui bâtit l'église de Kétcharous: il était fils de Hol-Vasac, constructeur de Bedchni, de Caïen et de Caïdzon. »

Tous ces faits sont connus; mais je dois faire observer ici que, bien que notre auteur place en 553 l'initiale du comput arménien, il paraît avoir fait souvent usage dans son Histoire de l'initiale 551, vulgairement admise. Car ici, p. e., c'est réellement en 1045 ou 46 qu'eut lieu l'abdication forcée du roi Gagic, suivie de l'occupation d'Ani par les Grecs.

« En 500 — 1053, le vartabied Jean de Taron écrit l'histoire des Bagratides, par ordre de Ter Pétros; — Bagrat, roi des Aphkhaz, enlève Tiflis à Dchaphar, avec l'aide de Gagic, roi de Cakheth, fils de Jean. »

Si ce Jean de Taron est celui qui fut surnommé Cozierhn, l'auteur du système chronologique, peu suivi, qui place la naissance de J.-C. en 5420 du monde, son histoire des Bagratides n'est pas connue; la liste ci-dessus, p. 163, le nomme séparément, après Jean Cozierhn, et le P. Somal, dans son Quadro della stor. lett. di Arm., p. 69, place en effet au X° s. un Jean de Taron, dit Gozerno, et le P. Tchamitch mentionne à la même époque un docteur des mêmes nom et titre.

L'Histoire de Géorgie, p. 317, nous apprend également que le roi Bagrat IV fit deux tentatives heureuses pour reprendre Tiflis, et fut aidé par Gagic, fils de *David*, roi Corician de Loré, que le roi de Cakheth Cuiriké III avait adopté, et qui lui succéda.

Sous l'année arm. 530 — 1083 « Kiouriké, roi d'Arménie (de Loré), Démétré, roi de Géorgie, et le patriarche arménien Ter Barsegh, vont auprès de Mélik-Chah et reviennent

---

1) V. Les Ruines d'Ani, p. 36, et Pl. XVIII.
2) Vulg. Havoutsthar.
3) V. sup. p. 162.

avec honneur. » D'après l'Histoire de Gé., p. 348, ce n'est pas Démétré, mais Giorgi II, qui se rendit auprès du sultan turk à l'époque indiquée : il doit y avoir eu ici une erreur de copiste.

Sous l'année 544—1097 «commencement du cycle de 90 ans; dix nations célébrèrent faussement la Pâque; les Franks se rendaient en orient, en troupes innombrables; » le cycle dont il est question est celui qui, revenant quatre fois dans l'espace d'un cycle pascal de 532 ans, amène les Arméniens à célébrer la Pâque, justement suivant eux, huit jours après toutes les nations chrétiennes; v. Addit. et écl. p. 280, toutes les notices qu'il a été possible de réunir sur ce sujet.

En 550—1103, Khizil prit Loré, brûla Haghbat et Sanahin.

En 560—1113, les fils de Kiouriké (rois d'Aghovanie et de Tachir) furent dépouillés de leurs domaines.

Sous 570—1123 «Davith, roi de Géorgie, ayant battu Elghazi et Mélik, prit Gag, Térounacan et Ani. Apoulsévar apporte de Klath un fer (ⴰⴰⴰⴸ, le soi-disant croissant turk) et le place au faîte de la cathédrale d'Ani; ceux de la ville appellent Davith, roi de Géorgie, et lui ouvrent leurs portes. Le roi prend Apoulsévar et l'envoie dans le Souaneth, avec ses fils; il ôte le fer d'or de la cathédrale et le remplace par la croix. Phaltoun, fils d'Apoulsévar, vient et s'empare d'Ani. Le roi Démétré battit l'atabek Gharasengour à Norberd.»

On sait que, d'après la tradition, la famille des Charwachidzé, maîtres encore de l'Aphkhazie, tire son origine de ces princes, ici mentionnés, branche collatérale des Béni-Cheddad, seigneurs du Chirwan, en géorgien Charwacha, pour Charwan-Chah. Le reste est conforme aux récits des Annales géorgiennes, pour cette époque.

Sous 590—1143 «Démétré prit Salthouc, à la porte d'Ani; David, fils de Démétré, battit Mélik-Sultan et prit Tiflis.» A l'exception du dernier trait, qui ne répond à rien de connu, les autres faits sont mentionnés par les historiens de la Géorgie.

Sous 610—620 = 1163—1173 «le roi Giorgi prit Dovin, et anéantit dans ses états les voleurs et les brigands : la reine Thamar exalta Zakaria et Ivané. »

Sous 620—1173, 660—1213 «Thamar mourut, et son fils Giorgi devint roi; il ravagea Ardjech et Varag.»

Sous 660—1213, 670—1223 «les noïns tatars Dchapha et Saphata (Tchépé et Sabada) battirent Lacha à Cotman.» La première date est de neuf ans en arrière de la réalité.

Sous 670—1223, 690—1243 «Le prince des princes Vasac étant mort, son fils Prhoch le brave, prit le drapeau *du commandement*. Les Khiptchakhs battirent Lacha à Gantzac; Djélad-ed-din, sultan de Khorasan, vint, s'enfuyant devant les Thathars, battit Lacha et Ivané aux pays de Cotaïk et les força de s'enfuir dans la vallée de Garhni. Prhoch entra à Dovin et extermina Khorasmiens et Tadjics. Tchankz-Khan, ayant tué l'Al-

*

than-Khan, devint lui-même souverain de l'oulous et établit son ourdou à Ghiath. Le prince de Khorazm s'empara d'Akhlath et de plusieurs territoires.

« Rousoudan règne sur la Géorgie.

«Houkatha-Khan, ayant divisé son armée en trois parts, formant d'innombrables multitudes, au S., au N., et dans le pays mitoyen, celle du S. conquit toute l'Inde et le rivage de la mer jusqu'aux Ethiopiens ichthyophages. Celle du N., s'étant dirigée vers le haut de la mer Caspienne, où elle dévasta beaucoup de contrées, et traversa la rivière Danoub, l'empereur des Allemands s'avança contre eux et les fit reculer. Quant au corps moyen, il passa au fil de l'épée les Parthes, l'Hyrcanie, les Kouchank, les Elyméens, aujourd'hui nommés Mlhout[1]), le Khorasan, les Persans, les Mars, Aspahan, et l'Atlpatacan. Ces ravages accomplis, ils entrèrent dans l'Arménie, en Géorgie et chez les Aghovans; dans la seule année 685 — 1238[2]), ils conquirent tous les pays, villes et citadelles. Le roi de Géorgie, avec les princes de la contrée, prit la fuite, mais il descendit plus tard au secours de la place de Caïen[3]) et, s'étant rendu auprès de Dcharmaghan, conclut la paix. Cependant après avoir vu les pays d'Arménie et d'Aghovanie, qui lui plurent, l'ennemi les choisit pour le lieu de son repos : il passait la saison d'été dans les montagnes de l'Arménie, et celle de l'hiver dans la grasse et opulente plaine de Rhan, nommée Moughan. »

C'est ainsi que Mkhithar, écrivain contemporain, expose l'invasion mongole : par ce §, traduit intégralement, on peut juger de sa manière et de son exactitude.

Sous l'année 700—1253, 710—1263, «Batou, khan du N., étant mort[4]), Sartakh, qui était chrétien, lui succéda. Les deux David, rois des Géorgiens, s'enfuirent dans le Souaneth; les princes et fils de nobles furent conduits à la horde et nommés késikthank[5]). Les citadelles et églises de la Géorgie, Arménie et Albanie, furent ruinés par le Tadjic Khodjaziz.

«En 710—1263, Arghoun ruina la maison de Géorgie et fit périr Dchalal et Zakaré. Thacoudar s'enfuit dans le Souaneth; il y eut un tremblement de terre, qui causa beaucoup de mal à la Géorgie.» On sait par d'autres autorités que l'exécution des princes ici nommés eut lieu positivement en 1261, ce qui montre de nouveau que notre auteur emploie dans sa chronologie l'initiale 553; le § suivant en fournira la démonstration non moins évidente; pour les faits, v. Hist. de Gé. p. 568, 576 et suiv.

«Sous 730—1283, 738—1291, Arghoun fit périr Dchalaltaï et ses partisans, ainsi que beaucoup de noïns, pour cause de rébellion, et parmi eux l'innocent roi de Géorgie Démétré. Les princes Prhoch, de race arménienne, et Sadoun Ardzrounien, moururent.

____

1) Les Melhaïds ou Assassins, qui ne furent détruits qu'en 1258.
2) Plus exactement, en 1236, suivant toutes les autorités.
3) Ici il est question non du roi, mais du prince Avag, de la famille Mkhargrdzel, à qui appartenait la place de Caïen.
4) En 1256.
5) I. e. gardes du-corps; cf. Hist. de Gé. p. 540.

Le roi Léon, d'Arménie, étant mort, Héthoum s'assit sur le trône. Il y eut une grande cherté de vivres, pour les hommes et pour les animaux.» On sait positivement que le roi Démétré fut mis à mort dans le carême de l'année 1289, véritable date de l'avénement d'Héthoum II en Cilicie, et que cette même année une famine affreuse et d'autres fléaux naturels affligèrent l'Asie occidentale.

Je n'ai encore retrouvé nulle part l'indication du massacre des partisans de Dchalaltaï զՋալալալայք, et des noïns և այլ բազում նուիեանի, et me contente de faire remarquer la forme insolite grammaticale des deux mots cités, notamment du second, qui donne un pluriel tout-à-fait nouveau en arménien, semblable à celui qui est le plus usité dans la langue géorgienne

Dans ce rapide aperçu de l'oeuvre de Mkhithar, je me suis attaché à recueillir ce qui intéresse spécialement les pays objets de mes études; mais pour l'histoire générale, pour celle notamment de Byzance et de l'Asie occidentale, il y aurait beaucoup à glaner de curieux et utiles renseignements: l'ouvrage n'est pas long, il tentera peut-être quelque connaisseur de la langue arménienne, désireux d'attacher son nom à une publication neuve et intéressante.

Cette notice était entièrement rédigée, quand j'ai pu prendre connaissance d'un exemplaire du livre dont il s'agit ici, imprimé à Moscou, dans la présente année, sous le titre Մխիթարայ այրիվանցւոյ Պատմութիւն Հայոց; «Histoire d'Arménie, par Mkhithar d'Aïrivank, éditée par M. Mkrtitch Emin, aux frais de M. Christophe Lazaref.» Notre manuscrit donne un titre plus en rapport avec le contenu du livre, qui est réellement un abrégé d'histoire universelle.

Si l'on ne peut que se féliciter de la suppression dans l'imprimé des tableaux inutiles dont j'ai signalé la présence au milieu du texte, il me paraît regrettable, cependant, que la deuxième liste d'ouvrages et d'auteurs n'ait pas paru ici; car elle a une vraie importance pour l'époque. Peut-être manquait-elle dans les manuscrits dont s'est servi l'éditeur.

M. Emin s'excuse encore, p. 22, d'avoir retranché les listes des apôtres, des évêques de Jérusalem, des patriarches d'Antioche, d'Alexandrie, d'Ephèse [1]), de Constantinople et des papes de Rome: omission qui ne me paraît pas assez justifiée par le mauvais état des manuscrits.

A la p. 42, on trouve les nombres formant la base de la chronologie d'Eusèbe, jusqu'à J.-C., différant de plusieurs de ceux que j'ai donnés sup. p. 164, d'après notre Mit., mais donnant le total juste 5198.

L'éditeur a eu, je crois, une bonne idée, en remplaçant les lettres numérales arméniennes par des chiffres arabes; mais la critique sera en droit de lui demander: 1° si c'est de son propre mouvement ou sur l'autorité de ses manuscrits qu'il a placé l'invention du

---

[1) Notre Mit. ne donne pas la liste des titulaires de ce patriarcat, qui manque aussi dans l'Art de vérifier les Dates.

comput arménien en 552, au lieu de 553, comme dans le Mit. du Musée asiatique; 2° s'il a bien pesé les conséquences de la suppression absolue des années arméniennes dans le reste de son édition, et de leur remplacement par les années chrétiennes, obtenues au moyen de l'initiale 551, vulgairement employée.

Quant aux dates mises en tête de chaque synchronisme, il m'a paru que notre Mit. n'est pas toujours d'accord avec le texte imprimé, mais cela, quoique important, peut tenir à des erreurs de copiste, et ne saurait être imputé à l'éditeur, que tous les amateurs de la littérature arménienne remercieront pour ce nouveau produit de son activité littéraire. Au reste, l'habile traducteur russe de l'Histoire de Moïse de Khoren, nous promet pour l'avenir de solides et importantes publications.

P. S. Je devrai consacrer une notice à-part à l'ouvrage du P. Ghévond Alichan, Description de la Grande Arménie, 4° Venise, 1855 (en arm.), où se trouve, p. 26—36, une courte description d'Ani, avec 8 polytypages, ouvrage qui est arrivé tout récemment au Musée asiat. de l'Académie. Sur l'aigle à deux têtes, dont il va être question, dans l'Index des Planches, v. Revue archéol. a. 1845, p. 76—85, un article de M. Longpérier; Castiglioni, Mon. Cuf. Pl. X, N. 1, 3, 5; Adleri, Coll. nova, p. 108, Pl. V, N. LXXVI, en 615—1218; LXXVII, en 617—1220; LXXVIII, en 621—1224, Hisn-Keifa, Amid, monnaies Ortokido-Eïoubides; Boeckh, corp. inscr. graec. t. IV, livrs. IV, N. 8777, monument de la l'an 6941—1433, avec un aigle à deux têtes, dans la même attitude que celui de Bidchwinta. Certaines monnaies Djoutchides, en cuivre, tout récemment parvenues au Musée asiatique de l'Académie, mais malheureusement sans date, portent le même type, différent toutefois de ceux représentés dans Мон. улуса Джучиева, Pl. XI, N. CCCLXXVII, et Pl. XIII, N. 6. L'aigle impériale à deux têtes ne paraît pas avant l'an 1345; Gatterer, Comm. Soc. Goetting. t. X, p. 241.

INDEX GÉNÉRAL DES PLANCHES.

M. Khanykhof dit qu'il a la forme d'un prisme à base *octogone*, et qu'il est surmonté d'une petite tourelle cylindrique, avec une petite porte pour laisser passer le mouezzin, v. mon IIIe Rapp. p. 185.

Aux renseignements donnés sur l'écriture secrète de cette église, p. 46 du texte, j'ajoute que le publiciste anglais Selden, vivant aux XVIe et XVIIe s., a publié un écrit spécial sur le nombre 666, qui est celui de la bête de l'Apocalypse.

Texte, page

L'aigle à deux têtes, qui se voit au-dessous de la croix N. 3, affecte précisément la même forme que celui tracé sur une monnaie en cuivre de l'Eïoubide Malek-Kamel et de l'Ortokide Nasr-ed-Din Mohammed, dans les Numism. orientalia de Marsden, N. CLVIII, de l'an 617 Hég. — 1220; mais le palais des Pahlavides est certainement bien antérieur à la monnaie en question. Au sujet de l'aigle à deux têtes, voici encore quelques renseignements qui ne manquent pas d'intérêt. Dans le bel Evangile géorg., sur parchemin, maintenant déposé à la Bibliothèque Imp. publique, on voit une miniature représentant l'évangéliste S. Jean, cheveux et barbe teints en rouge, suivant l'usage géorgien, et au-dessus de lui l'aigle à deux têtes. Sur cet Evangile, qui est du XIe ou du XIIe s., v. mon VIIIe Rapp. p. 131. Banduri, Num. imp. p. 767, donne l'écusson de Lascaris, † en 1222, où figure le même insigne. Je dois à l'obligeance de M. Stassof, outre la communication relative au M[ll] de Bidchwinta, l'indication suivante: M. Texier a trouvé l'aigle à deux têtes représenté sur un bas-relief, à Bazar-Keuï, sur le Kizil-Ermak, l'ancien Halys, à la frontière de la Galatie, qui est suivant lui l'ancienne ville de Ptérium; il suppose que ce bas-relief provient des Saces ou Scythes et est antérieur à Hérodote. M. Hamilton a vu une figure semblable sur un bas-relief, à six lieues de Boghaz-Keuï. Texier, Descr. de l'As.-Mineure, t. I, Pl. 72, et p. 224 du texte. M. Sévastianof a rapporté de Grèce un rideau sur lequel est tracé dans le tissu un aigle à deux têtes, ayant en bas deux monogrammes: ΑΝΔΡΟΝΙΚΟΣ ΔΕΣΠΟΤΗΣ; est ce un souvenir de l'empereur Andronic Comnène, † en 1185, ou d'Andronic Paléologue, régnant 1282—1328? c'est ce que l'on ignore. Enfin, dans les Monuments de Neufchâtel, par Dubois de Montpéreux, on voit Pl. XXVIII, dans la rosace de l'O. de la collégiale de Neufchâtel, l'aigle autrichienne, à deux têtes, que l'on croit de l'an 1512 ou 1529; v. p. 18 du texte de l'ouvrage: Mittheil. der antiquar. Gesellschaft in Zurich, V Band, 4° Zurich, 1852. Les antiquaires croient que l'emblème dont il s'agit est d'origine orientale, et qu'il a passé aux Byzantins, puis delà en occident, sans que l'on puisse préciser les dates.